传统启蒙教育中的道德养成与价值观建构研究

班高杰 著

上海三联书店

目 录

导 论

“中华文明绵延数千年，有其独特的价值体系。中华优秀传统文化已经成为中华民族的基因，植根在中国人内心，潜移默化影响着中国人的思想方式和行为方式。”[①]传统文化中蕴含着丰富的价值理念和思想观念，构成中国人独特的精神世界，体现着百姓日用而不觉的价值观。习近平总书记在不同场合提到传统文化的时代价值。近年来，传统文化无论是在民间层面还是在官方层面都日益受到重视。20 世纪 80 年代，民间开始关注传统文化的启蒙教材，蒙学读物大量刊发，畅销热卖；继之而来又有读经运动的兴起，各地涌起诵读蒙学经典之潮；而后借着国学热和传统文化热，新私塾运动兴起，不少地方办起了国学启蒙班和各式学院学堂。与民间的读经及开办培训机构不同，官方弘扬传统文化的途径与方式则更成体系：其一，国家决策层面的宣传与弘扬。国家领导人在不同场合提出要对传统文化进行创新性发展和创造性转化。比如，习近平在北京大学师生座谈会上讲到，中华文化强调“天人合一”；强调“君子喻于义”“君子义以为质”；强调“仁者爱人”“与人为善”等等。这样的思想和理念，不论过去还是现在，都有其鲜明的民族

① 《习近平谈治国理政》，北京：外文出版社 2014 年版，第 170 页。

特色，都有其永不褪色的时代价值。我们提倡的社会主义核心价值观，就充分体现了对中华优秀传统文化的传承和升华。其二，传统经典文化借助学校教育主渠道进课堂、进课本，小学生通过诵读启蒙经典读本，如《千字文》《声律启蒙》《笠翁对韵》《三字经》《弟子规》及唐诗宋词等名篇，接受传统文化的熏陶；在课本教材内容的选编上，增加传统文化中经典篇章的数量，不仅是唐宋诗词，也包括经史子集等思想家的文章。其三，重视与传统文化紧密相连的各种文化传统载体，包括传统节日设为国家法定假日，传统技艺的申遗，传统文化场所的保护，也包括大力发展与传统文化相关的文化产品。我们现在所讲的价值观与核心价值观，也是基于传统优秀文化而形成的，是传统文化的重要组成部分。我们对未成年人道德品质的养成教育，在传统启蒙教育中都可以找到相关的论述与表达。所以，鲁迅先生曾说过："倘有人作一部历史，将中国历来教育儿童的方法、用书，作一个明确的记录，给人明白我们的古人以至我们，是怎样被熏陶下来的，则其功德，当不在禹下。"①因此，我们有必要对传统启蒙教育中的道德养成与价值观建构问题予以分析，吸收并借鉴其精华，以期对当今启蒙教育有所裨益。

对传统启蒙教育中的道德养成与价值观建构进行研究，其意义在于：其一，传统启蒙道德养成思想是传统文化的组成部分，蒙学教材直接、具体、真切地体现中国传统文化的精神。周谷城先生在为岳麓书社出版的《传统蒙学丛书》作的序中指出，"当时普通人所受的教育，以及他们通过教育而形成的自然观、神道观、伦理观、道德观、价值观、历史观，在这类书中，确实要比在专属文人学士的书中，有着更加充分而鲜明的反映"。作为基础认知教育读物，蒙

① 鲁迅：《我们是怎样教育儿童的?》，《鲁迅全集》第5卷，北京：人民教育出版社1981年版，第255页。

学教材是中国传统文化中对民间影响力最大的部分，其对民众的影响力甚至超过儒家经典。因为儒家经典必须具有较高文化水平才能学习和理解，而启蒙教育以儿童为主要受众，因而密切联系儿童的生活实际，比较通俗且易知易行。其二，传统启蒙教育是儒家思想世俗化的直接体现，是儒家价值观化为民众日用而不觉的价值规范的真切反映。启蒙教育把深奥难懂的高雅典籍通俗化，并加以人生哲学、道德伦理、处世方略，易学易懂、切近实用，能够面向全体大众。同时，很多经典的蒙学读本（如《百家姓》《三字经》《千字文》等），荟萃了前人及那个时代的经典文化，构成了传统蒙学相当完整的知识体系、思想体系、价值体系和艺术体系。通过自上而下的教化，传统启蒙教育完成了从上层精英文化到中下层伦理生活化的转换，也实现了上层意识形态到民众价值观的传达。再加上文道结合、因材施教、教学相长等教育思想和教学原则，使得中国传统启蒙教育极具人文研究价值。

对启蒙教育的研究，大致可以分为对启蒙教育思想的研究、对启蒙教育教材的考证、对启蒙教育的各个载体的研究以及对启蒙教育的途径与方法的研究等。就启蒙教育而言，这些方面的研究资料甚多，研究的总趋势是从单一到综合、从单学科到多学科的多层次多视角的研究。单就启蒙教育的某一载体而言，无论是蒙书、家训还是女训，都有大量多层次多角度的研究。这种研究既包括对其总体上的解读，也包括对某一本读物的研究；既有单独某一学科视角的研究，也有多学科多角度交叉的研究。但针对启蒙教育的价值观研究或启蒙教育道德养成与价值观建构研究的专著较为罕见，仅有关于蒙学读物、家训、女训的一些论文或相关著作中的个别章节涉及了中国传统启蒙教育中的价值观问题。

就蒙学读物而言，据史料记载，清代已有学者对《三字经》《百家姓》和《千字文》的版本和成书年代进行考证。民国时期翁衍桢、郑振铎、常镜海、胡怀琛等人对蒙学读物也进行了收集整理，他们对传统蒙学普遍持批判态度，且研究重点放在对蒙学读物的考据上。新中国成立后，张志公先生的《传统语文教育初探》出版。此书从语文教育的角度对传统蒙学进行研究，以期通过对传统蒙学的分析研究，挖掘出传统语文教学中优秀的、超越时代局限的东西为今所用。八九十年代蒙学研究呈现出比较显著的特点，其一是蒙学读物出版的繁荣，这一时期蒙学书籍热卖，如喻岳衡先生主编、岳麓书社出版的《传统蒙学丛书》，此书在众多出版的蒙学读物中质量最高、影响最大。此外专门的蒙学读物还有乔桑编的《蒙学全书》、夏初编的《蒙学十篇》、徐梓编的《蒙学辑要》、韩锡铎编的《中华蒙学集成》等。其二是教育史学者在其专著中把蒙学作为教育史的一部分进行论述，如毛礼锐的《中国教育通史》、高时良的《中国教育史纲》、陈学恂的《中国教育史研究》，专辟章节对蒙学进行论述。最后是对蒙学历史进行研究的专著，如吴偲千的《中国封建蒙学文化评述》、浦卫忠的《中国古代蒙学教育》、徐梓的《蒙学读物的历史透视》及吴洪成的《中国小学教育史》等，从史学的角度对蒙学的历史发展进行初步研究。

进入21世纪以来，对启蒙教育的研究更加多元化。这时期的研究多以论文的形式出现，数量很大。按照学科分类，相关研究可以分成以下几个方面：一是从语文教育出发，探讨蒙学在识字、读写、作文以及教学方法等方面的经验。但多数流于泛泛，未能突破张志公先生的论述。二是从历史学视角研究蒙学历史和蒙学中的历史教育。蒙学历史研究以断代史居多，熊承涤先生从1990年起接连三年在《课程·教材·教法》上发表的《宋代的蒙学教材》《明代的蒙学教材》《清代前期的蒙学教材》，简要介绍各种蒙学读物内容。对蒙学的历史教育研究突出的是其现实意义，即对现代教育的借鉴作用。三是从哲学和教育学（包括道德教育和教育教学）角度研究蒙学的文章。陈来在其所著《中国近世思想史研究》中专列一章《蒙学与世俗伦理》探讨蒙学，他认为蒙学读物是儒家精英伦理世俗化的具体体现，是理论的价值系统转化为现实的价值规范的表现，更集中体现了对世俗生活发生作用的现实价值；王有英的博士论文《清前期社会教化研究》，专列一节为“蒙学与教化”，阐述蒙学在推广文教、化民成俗、开化夷民方面的重要作用；李贵洁在《略论我国古代蒙学的伦理教育特点》一文中，强调启蒙教育重伦理道德教育，通过分析启蒙教育的内容、方法及行为规范的养成来总结出传统蒙学的特点；王刁胜的《蒙学典籍的道德背反性省察》，则是研究蒙学典籍中所包含的道德自我解约的背反性。四是对蒙学德育思想现实意义的研究。研究者对蒙学道德类教材、德育方法、德育原则进行分析，挖掘其对现实儿童道德教育的意义和价值。在这些研究中，聚焦宋代和明清的思想家及蒙学读物的研究文章较多，如对朱熹和王阳明童蒙教育思想的研究，以及对蒙学读物中的《三字经》《弟子规》《小学》等读本的关注和研究。

家训与女训的相关研究也大致相当，既有专著也有数量众多的论文。就专著来说，徐梓的《家范志》、马镛的《中国家庭教育史》、徐少锦与陈延斌合著的《中国家训史》是研究著作的代表作。除此之外，如赵忠心编著的《中国家庭教育丛书》、成晓军主编的《慈母家训》及《名儒家训》、陆林主编的《中华家训大观》、尹奎友等评注的《中国古代家训四书》等著作，严格来说并不能算研究专著，它们实质上是对有关家训家教资料的汇编或节选。朱明勋的博士论文《中国家训研究》从历史考证的角度研究家训，详细分析家训在治家齐家及个人修身等方面的思想。就论文而言，单篇家训研究集中于对《颜氏家训》《朱子家训》《袁氏世范》《温公家范》等家训的研究。此外，还有研究家训的现实意义与价值的论文也有涉及，如研究家风家训如何融入社会主义核心价值观的培育等问题。与启蒙教育中对蒙书的关注与研究相比，家训研究作品数量相对来说较少，有关家庭中的人伦纲常等伦理关系、家训与传统文化传播的关系、家训塑造中华民族心理性格的分析等诸多方面，涉及较少。

就对女训的研究而言，因为女训从属于家训，所以对女训的研究较之家训与蒙书而言，量则更少。女训研究的专著如沈时蓉、方满锦等编著的《华夏女子庭训》，张福清编注的《女诫——妇女的枷锁》，徐少锦与陈延斌等主编的《中国历代家训大全》部分章节，李茂旭编著的《中华传世家训》中的部分内容等。刘静的博士论文《走向民间生活的明代儒学教化研究》一文，专列“妇女、儿童与儒学教化”一章，专章讨论明代统治者如何对女性及童蒙进行道德教化。王有英的博士论文《清前期社会教化研究》专列一节“妇女——来自社会底层人物的声音”，对清代前期闺门三从四德的教化进行研究。通过分析可以发现，研究女训多集中于对“女四书”（《女诫》《内训》《女论语》《女范捷录》）的研究，尤其是对《女诫》的研究尤为突出。研究女性道德、突出伦理教化的文章，如肖群忠的《中国传统女性道德观述评——〈女诫〉〈女论语〉〈女儿经〉研究》，孙理兴的《中国古代妇女伦理模式述论》，仲秋月的《略说中国妇女传统美德》，刘筱红的《规矩与方圆——中国古代女诫思想述评》等，探讨在宗法社会“三纲”价值观要求之下，女性属从卑弱人格的道德养成。

对启蒙教育中道德养成的研究，相对来说比较集中。陈延斌教授撰写了有关道德养成的相关文章，如《简论朱熹的儿童道德养成教育思想》《中国传统家训教化与公民道德素质养成》等论文，探讨儿童道德养成的宗旨、目标及实现的途径与方法，提出了“蒙以养正”“及早施教”等基本的养成原则。陈延斌教授的相关论文结集出版为《未成年公民道德养成的理论与实践》，部分章节涉及启蒙教育的道德养成。张俊相的《〈周易·蒙卦〉的童蒙道德养成教育观》《论中国古代童蒙的道德养成》也是启蒙教育中道德养成的力作。启蒙教育中的道德养成也有研究某一本启蒙读物如《弟子规》《小学》《童蒙须知》等蕴含的道德养成思想。概括来说，有关启蒙教育中道德养成的研究，集中在以下几个方面，即“蒙以养正”的道德养成宗旨，“明人伦”的道德养成目标，“小事上着手”的道德养成途径。

有关启蒙教育价值观的研究则是少之又少，在中国知网期刊数据库根据关键词“启蒙教育”、“价值观”的搜索结果仅有几篇。分析之后可以发现，这仅有的几篇也是在论述教育观。其中有一两篇是对《女诫》的妇女价值观研究。究其原因，大致是因为价值观构建与道德教化之间有相通之处，因此在论述道德教化时价值观作为隐性概念也内置其中，虽然并未直接出现“价值观”的明确字眼，但其实质仍是在论述价值观。就儒家价值观进行研究的文章，为数不少。就其研究而言，一种倾向是集中研究传统文化的整体价值及某一特定历史时期的价值观构建，如陈来的《中华传统文化与核心价值观》，杨汉民的《两汉教化与传统核心价值观的构建》《汉代官制与儒学核心价值观的构建》，李煌明的《论儒家核心价值观体系的结构》等；另一种倾向是以古观今，探讨传统社会价值观的现实意义与价值，尤其是对社会主义核心价值观的意义，如郭沂的《儒学核心价值观历史演变和现代价值》，李煌明的《儒家传统价值观对建构社会主义核心价值观体系的启示》，杨汉民的《两汉构建核心价值观的历史经验及现代启示》等。从本质上说，蒙书、家训及女训的内容脱离不开“三纲五常”的价值预设，个体道德的养成则是以国家政治道德为前提，尤其是在传统文化重视伦理纲常的氛围之中，个人的道德养成是以国家的价值观建构为基础。

综上所述，有关启蒙教育中道德养成问题的研究主要有如下三个方面：一是对某个单篇文本的解读。启蒙教育中的相关文本基本都有涉及，但又有所偏好，解读比较多的单篇文本如“三百千”《弟子规》《小学》等。二是对某一时期的道德养成进行分析。宋至清中叶是启蒙教育的繁盛期，这一时期的启蒙教育更加重视道德教化，因此这一时期的启蒙教育研究比较集中。三是从整体上探析某种道德教化载体的道德养成意义。启蒙教育的文本载体主要体现在蒙书、家训、女训及一部分乡规民约之中，对启蒙教育道德养成的研究，以某一载体为中心来研究总体思想的也为数不少。

本研究基本以启蒙教育的文本载体为线索展开，通过启蒙教育中使用的蒙书、家训、女训等载体，研究传统社会以儒家思想为核心的价值观如何成为指导民众的价值规范，在自上而下的构建过程中，道德养成与价值观引领如何实现了统一。在第一章中首先分析了有关启蒙教育的相关问题和概念，包括启蒙教育的载体、途径、方法，以及道德教化与道德养成的关系，价值观建构以及传统启蒙教育中的价值观。以启蒙教育的蒙书、家训、女训为载体，展开对启蒙教育的道德养成与价值观建构的研究。在论文的总体框架中，第二、三、四章分别按照受教育对象的不同，选择了蒙书、家训及女训来进行本课题的研究。蒙书、家训和女训并不是严格意义上的分类，因为三者之间存在着交叉重叠的复杂关系。以女训为例，蒙书本身包括很多女训教材，如《女儿经》《女小儿语》《闺训千字文》等。本书在写作过程中，把女训单独列为一章，是因为“女训”无论在内容上还是在方法上都有不同于其他启蒙读物的地方。女训专为女性而撰写，在内容上宣扬“三从四德”教导女性做“贤妻良母”，在方法上以家庭教育为主，有父子兄弟陈述、母亲口耳相传或者女性观感效法等方法。此外，家训中的名篇因其影响广泛选入蒙书之中这种情况也是很多的，比如《颜氏家训》《朱柏庐治家格言》《家诫》等。对于未成年人尤其是儿童来说，道德养成重在行为的训练，蒙学读物中有诸多有关行为规范的论述。蒙书中的道德养成思想,以“明人伦”“知礼仪”为主要养成内容,家训中道德养成突出在“修身”与“齐家”,女训的道德养成以“三纲”为价值预设,通过“三从四德”养成父权社会的女性人格。

启蒙教育的价值观建构自成一章,价值观植根于道德养成,道德养成与价值观建构在目标、途径及方法上具有一致性。但价值观与道德养成又不是同一,价值观是道德的核心,价值观对道德养成具有引领与指导作用。价值观建构有其理论依据。天道论是价值观建构的外在理论依据,人性观是价值观建构的内在理论依据。天道观是从“人格之天”、“义理之天”出发,论证“人道”源自于“天道”,为伦理道德寻找强大的外在力量。人性论则是从人的内在出发寻找价值观建构的理论依据。“非外铄我也,我固有之”的良善本性,是道德教育可教及教育何以可能的前提。“义利观”是价值观中的核心问题,价值观建构要厘清儒家在处理道德与利益关系时的价值取向。启蒙教育的价值观建构遵循因材施教、循序渐进等原则,通过学校、家庭及社会的途径养成道德人格。价值观构建和道德养成的方法,以儿童的年龄特点和心理特征为依据,采用多种教育方法,包括榜样垂范、环境陶冶、歌诗化育、奖掖诱劝等。

知古而鉴今。在道德养成的方法和原则上,启蒙教育倡导“养正于蒙”、“及早施教”、“循序渐进”、“环境陶冶”、“歌诗化育”等;启蒙教育重在行为规范的训练,重视家风家教,注重家庭在教育中的重要作用;启蒙教育切合儿童的心理与年龄,强调道德养成的阶段性与连续性;在人伦日用中培养儿童的道德品质等。在这些方面,传统启蒙教育都积累了丰富的经验,对当今的儿童教育来说,有其合理性和借鉴意义。当然,传统启蒙教育有其时代性,对于不合时宜的思想和观点,我们要予以摈弃。取其精华,古为今用,在新时代,在对传统文化的创造性转化、创新性发展中,传统启蒙教育的道德养成思想将焕发新的生命力。

第一章

传统启蒙道德教育概况

“有人斯可教,有教斯可学,自开辟则既然矣。”[①]教育可谓是与人类同时出现并存在的社会现象。我国历来有重视教育的传统,对儿童的启蒙教育拥有源远流长的历史。早在虞舜原始时期,我国就已经出现了类似于现代小学的机构。《礼记》记载,“有虞氏养国老于上庠,养庶老于下庠”(《礼记·王制》)。早在三千多年前,我们的先人就提出对儿童要及早教育,引导儿童走上正道,认为这是一项神圣的事业。《周易》明确记载,“蒙以养正,圣功也”(《周易·蒙》)。启蒙教育作为教育的起步阶段,不仅对个体的发展具有奠基性的意义,而且对于整个社会和国家来说,都具有重要意义。

在此后的历史发展过程中,启蒙教育一直未有间断,无论是官学还是私学,启蒙教育都占据一席之地。中下层儒者参与启蒙教材的编写,宋明之际更有经学大儒亲自编撰童蒙书籍,以供童蒙识字、修身、养德。朱熹更明言,小学阶段“知其事”,是为大学“明其理”铺垫,小学阶段是在为大学阶段打下“圣贤的坯璞”。道德品性的养成与行为规范的训练是启蒙教育的主要活动。通过道德教育和教化活动的实施,儒学也实现了“自上而下”的教化目的,真正体

① 马端临:《文献通考·学校考》,北京:中华书局1986年版,第379页。

现了“切于日用而不自知”。从上层精英阶层的意识形态到百姓日用而不觉的价值观，这个过程也是儒学世俗化的过程。

第一节　启蒙教育与启蒙教材

启蒙一词，在学术语境中其内涵与外延多有不同表达。我们现在所说的“启蒙”是否与“传统启蒙”一致？是否在内涵与外延上具有相通性？在启蒙教育的过程中，教育的主体和客体是否有明晰的对象？以及启蒙教育的目的、内容及实施方法的具体意指，这些方面涉及到的问题均需要我们逐一厘清。

一、启蒙教育及其发展

《辞海》解释“启蒙”为开发蒙昧，首先指的是教育儿童，使之得到基本知识和入门知识。此外，“启蒙”也指通过教育，使后进者接受新事物、新知识和新观念，从而获得进步。“启蒙”英文单词为enlighten，本义为照亮或澄清，引申为使蒙昧者变得有知识、有教养和有理性。

就“启蒙”本身而言，由于不同学者所处历史境遇的不同，所以就会对启蒙的任务有不同的关注点，从而使得“启蒙”一词在内涵和外延上就有了不同的界定。在我国的话语情境中，“启蒙”指向祛蔽启蒙、消除蒙昧，从而有所进益。在宋代朱熹的《易学启蒙》一书中，启蒙主要意指将入门知识传授给初学者。明末清初，启蒙则被赋予摆脱封建礼教束缚之意。西学东渐新文化运动时期，启蒙则是高呼科学理性与民主自由，力图摆脱封建专制和迷信思想的束缚。但对于启蒙究竟为何，思想界并没有明确得到公认的界定。

西方的学者对启蒙有较为深入且持久的思考，形成一些具有代表性的观点[①]。如以洛克为代表，认为启蒙是开智和传授知识，是启“知识”之蒙；以休谟为代表的情感主义思想家认为启蒙是启“情感”之蒙，因此要陶冶个体的情感和趣味；康德认为，启蒙就是要确立“永不被动的理性”，摆脱不成熟状态，使人能够独立地思想。[②]

教育工作者和心理学家都对启蒙及启蒙方法论进行了许多探讨。他们根据心理活动和思维的规律，强调启蒙就是要激发个体的兴趣和潜能，培养个体思维逻辑性，从而提高其分析和解决问题的能力，能够正确认识自我和社会，培育高尚的情操和积极的情感。[③] 在他们看来，每个人都有自己独特的禀赋，通过外部环境的良性刺激，从而为个人的发展铺平道路。福泽谕吉是日本著名的教育学家，他认为每个人都有一定的潜能和天赋，这些潜能和天赋类似于埋在土中的种子，已经具备了发芽成长的条件，但只有周到合理的保养与管理，才能保障潜能与天赋的茁壮成长，因此，培养手段的好坏直接决定了一个人天赋能力的成长之路。[④] 这些论述对启蒙方法论的探讨极具现实价值。

从以上的分析中，我们可以看到这些思想观点有其相同或相近之处。“蒙”主要指的是遮蔽，“启”即是“去蔽”，主要指的是对个体提供的引导。启蒙是为了能够帮助人们摆脱遮蔽和束缚，进而实现个人天赋潜能的自由成长。

本书语境中的“启蒙”，与近现代语境中的启蒙有共通之处，但又有其特指意义。我们所谓的启蒙教育，既指向一般意义上消除

① 刘睿：《启蒙教育与人的全面发展》，《学前教育研究》2009 年第 7 期。

② 康德：《判断力批判》（上卷），宗白华译，北京：商务印书馆 1993 年版，第 138—139 页。

③ 徐宏升：《让幼儿在体验中成长》，《学前教育研究》2008 年第 9 期。

④ 福泽渝吉：《福泽渝吉教育论著选》，北京：人民教育出版社 1991 年版，第 141 页。

蒙昧启迪有所进益，又特指为儿童祛昧启智的特定阶段的教育。我们将这段特定层次的教育称之“启蒙”，晚清时期称之为“蒙学”。“蒙学”有据可考，最早出现在清末，是晚清教育体系仿照西方将传统学问学科化的产物。在此之前，并无蒙学一词。虽无蒙学之名，却有启蒙教育之实。“蒙”，《易经·序卦》中曰：“蒙者，蒙止，物之稚也”，主要指的是在人的幼稚时期，未经开化的蒙昧。《十三经注疏·周易正义》注曰：“童蒙之来求我，欲决所惑也”，为蒙昧儿童提供教育，消除蒙昧儿童的蒙稚和暗昧才是启蒙，古人也将其称为发蒙、养蒙、开蒙。启蒙教育实质上就是为人逐渐成长为圣人奠定基础，因此《象》曰：“蒙以养正，圣功也。”由此看来，我国早在先秦时期就十分重视儿童的启蒙教育。

《辞海》解释蒙学又称蒙馆，是我国封建时期为儿童建立的学校，专门针对儿童进行启蒙教育。在蒙馆中，主要是对儿童进行识字及写字等方面的教育，也包括封建道德教育。蒙馆使用的主要教材为《三字经》《百家姓》《蒙求》等。我国原始时期的蒙学并未设定固定的期限，主要采用背诵、练习的方式进行个别教学。《辞海》中关于蒙学的解释，是将其看作蒙学堂，认为蒙学就是专门进行初级教育的场所，主要教育对象是儿童。《中国大百科全书》中关于蒙学的解释也与《辞海》中的界定十分类似，都是从狭义的层面出发来理解蒙学。国内学者基于此，提出了不同的看法。徐梓认为：“把蒙学单纯地说成是学校，实在是褊狭了一些。其实，蒙学是一个特定层次的教育，是特指对儿童所进行的启蒙教育，包括教育的目的、教学的内容、教学的方法等多方面的内容。这一教学旧时在书馆、乡学、村学、家塾、冬学、义学、社学等名称不同的处所进行。”[①]蒙学不仅仅是进行启蒙教育的学校，更应该理解为特定层次

① 徐梓：《蒙学读物的历史透视》，武汉：湖北教育出版社1996年版，第2页。

的教育，这是在广义上对蒙学进行了界定。因此，后来人们开始从广义和狭义这两个层面理解蒙学。学术界在分析蒙学时，认为蒙学就是古代时期人们开展的启蒙教育，同时也包括开展启蒙教育使用的蒙养教材。蒙学相当于我们现在的“小学”。

关于我们传统教育中“小学”阶段教育的萌芽及其完备，吴洪成在其编著的《中国小学教育史》中有过考证。① 我国在夏朝中后期开始形成具有独立形态的小学教育。关于夏代学校的记载，《礼记·王制》中论述，“有虞氏养国老于东序，养庶老于西序，殷人养国老于右学，养庶老于左学；周人养国老于东郊，养庶老于虞庠，虞庠在国之西郊”。此时已有“东序”、“西序”教育场所的不同，以此教育不同年龄阶段的群体。《孟子·滕文公上》中亦有类似记载：“设为庠、序、学、校以教之。庠者，养也；校者，教也；序者，射也。夏曰校，殷曰序，周曰庠。学则三代共之，皆所以明人伦也。”由此可见，夏代“校”即属于小学的性质。

夏朝中后期小学以独立形态出现，商朝时期，已有大学、小学之分，古籍对此多有记载，《礼记·王制》中表述“殷人养国老于右学，养庶老于左学”。西周的启蒙教育则集前代教育之大成，以官学教育为特征，形成比较完备的教育体系。西周的小学教育是先秦时期小学教育的典型，既有中央政府办理的贵胄小学，也有地方政府办理的乡学。春秋战国时期，学术下移，私学骤兴，“天子失官，学在四夷”。此时的蒙学教材，为李斯等人所作，以《史籀篇》为基础，作《仓颉篇》《爰历篇》《博学篇》，为启蒙教育早期的教学用书。官学与私学作为我国古代教育制度的两大系统，由于不同的历史演变，二者对于启蒙教育的发展，其作用有所不同。官学时兴时废，又受改朝换代或战乱的影响，不如私学蓬勃发展，因而启蒙

① 参见吴洪成：《中国小学教育史》，太原：山西教育出版社 2006 年版，第 3—20 页。

教育主要依赖于私学进行。启蒙教育的私学系统比如汉代的书塾、乡馆，也包括家学家教；隋唐之际的村学、村校、社学及义学；及至宋代，无论是官学还是私学，宋代小学在规模、体制和教育内容上都有了较大的发展。宋代私学采用的教学模式主要分为两种：第一，师授。师授主要包括家塾、私塾、舍馆、义塾等方式，除此之外，也包括乡学、冬学、村学、村塾等具备季节性特征的蒙学。第二，家学。家学即是由家长为家族子弟启蒙并传授知识的教学方式，也可称之为家传。宋代的小学教育无论是教育体制的完备还是蒙学教材的编写，都是我国小学教育浓墨重彩的部分。明清之际（鸦片战争前）小学教育属官学的为宗学、社学，民间的被称为私学，包括私塾、义学、蒙学等等。

关于受教育者的年龄，《大戴礼记·保傅篇》记载："及太子少长知（配）色，则入于小学，小者所学之宫也。……古者年八岁而出就外舍，学小艺焉，履小节焉。"简言之，古时认为子弟八岁即可开始接受启蒙教育。因此，朱熹认为蒙学的起始年龄就是八岁。但是在我国古代，儿童稍微懂事就需要进行启蒙教育，大多在四岁至五岁之际。在古代实际的教学活动中，对儿童接受启蒙教育的年龄并未做出严格规定。《尚书大传》曰："十有三年始入小学。"又曰："馀子年十五始入小学。"由此可见，在实际的教学过程中，对受教年龄并未严格规定。即使是二十多岁的成年人有向学之心，也可以接受蒙学教育。无论是髫龄儿童，还是贩夫走卒，都可以接受蒙学教育。由此可以看出，蒙学对全社会各个阶层的受教育者都有极为深远的影响。"一儿习之，可为诸儿流布；童时习之，可为终身体认"（吕近溪《小儿语》）。蒙学借助这种广泛的影响，通过幼童在欢呼嬉笑之间，传唱学堂所学朗朗上口的语言，影响同龄人及所在的阶层。

一般而言，我国古代在区分小学和大学时，并未制定系统的大学纲领或小学纲领，也缺乏明确的大学和小学的界限，而是直接通过学习内容的难易程度，以及学生的年龄来区分大学和小学。在归纳和总结了古代的教育经验后，朱熹以年龄阶段为依据，明确划分了大学、小学的入学年龄、教育目标、教学内容及修业年限。朱熹把学校教育划分为小学和大学两个阶段，8—15岁入小学读书，15岁以后入大学读书。朱熹认为，小学教育是打基础的教育，是大学教育的“基本”。他说：“古人之学，固以致知为先，然其始也，必养之于小学。”“大学之序，特因小学已成之功。”如果儿童自幼不习之于小学，“则无以收其放心，养其德性”①。小学教育是打“圣贤坯璞”的阶段，古代教学十分注重为童蒙打好基础，这是因为当童蒙已经拥有十分深厚的根基时，进入大学以后，教育者只需要稍作修饰就可以使其成人。如果童蒙没有打好根基，坯模已坏，在大学阶段势必难以弥补。他说：“古人便都从小学中学了，所以大来，都不费力，如礼、乐、射、御、书、数，大纲都学了，及至长大便理会穷理致知工夫。而今自小失了，要补填实是难。”②大学教育是小学教育的深化。大学教育是在“小学已成之功”的基础上，达于穷理尽性的境地。换言之，“小学者，学其事；大学者，学其小学所学之事之所以”③。小学教育和大学教育构成了一个完整的教育过程。《小学辑说》引吕祖谦语曰：“后生小儿学问，且须理会曲礼、少仪、仪礼等学，洒扫应对进退之事，及先理会《尔雅》、训诂等文字；然后可以语上，下学而上达，自然有得。不如此，则是躐等终不得成也。”吕祖谦这段话，确实是比较准确地把握了朱熹关于小学、大学教育阶段

---

① 顾树森编著：《中国古代教育家语录类编》（下册），上海：上海教育出版社1983年版，第162—163页。

② 顾树森编著：《中国古代教育家语录类编》（下册），上海：上海教育出版社1983年版，第163页。

③ 黎靖德编：《朱子语类》（卷7），北京：中华书局1986年版，第124页。

划分的实质意义。

启蒙教育的教学内容，朱熹认为童蒙要学习的是“洒扫应对进退之节，礼乐射御书数之文”。“洒扫应对进退之节”注重培养童蒙的礼仪规范使其行为有度，“礼乐射御书数之文”则是培养童蒙的人文知识修养及伦理道德规范。朱熹在《童蒙须知》《小学书题》中曾有详细的说明。朱熹首先列举小学阶段所应当开展的教学内容和教学流程，内容涵盖生活料理、洒扫庭除、读书写字、言行举止、杂细事宜等诸多方面，主要对受教育者的道德行为和读书写字进行教育。其次，在朱熹的教育理论中，他特别强调小学阶段教育的重要性。他认为小学阶段是大学阶段的教育基础，只有在小学阶段奠定坚实的基础，才能在大学阶段奠定“修身、齐家、治国、平天下”之本。最后，朱熹尤为强调“蒙以养正”。他认为从幼稚时期开始重视教育，从而可以避免出现“扞格而不胜”的问题，为童蒙的学习打好坚实的基础。①

我国传统社会早期强调官师合一的启蒙教育理念，早在西周时期即有官吏担任儿童启蒙教育的教师。宋朝首次将官办小学的教师纳入中央的国家行政管理之中，教师在不同程度上享受国家的俸禄。私学尤为发达，中下层儒者多参与其中，这些人一般被称为“塾师”，其中既有功名已成退避隐居的士绅，也有腹有诗书的知识分子，他们共同担负起对儿童进行课学启蒙教育的责任。

二、启蒙教材及其分类

蒙学读物主要指的是为了实施启蒙教育而编成的教材，也被称为蒙养书、启蒙教材、蒙学教材、语文教育教材、童蒙书、古代儿

① 吴洪成：《中国小学教育史》，太原：山西教育出版社 2006 年版，第 75 页。

童读物。尽管称呼不同，但这些教材的实质内容大多相似，涵盖的范围也较为广泛。本文在写作过程中采用较为常用的如蒙学读物、启蒙教材、蒙书等名称。

儒家思想由精英文化层面向世俗生活的传播过程中，中下层儒者功不可没，正是他们运用世俗化和通俗化的语言编写了多种蒙学读物。在这些启蒙教材中，后世儒者对历代圣贤的嘉言进行改编，力图把蒙学读物中的内容和知识通俗化趣味化，满足儿童的阅读需要。宋明之际，上层知识分子也参与撰写相关的童蒙读物，如朱熹及其弟子、王阳明及吕坤父子等人，也都撰写了以供童蒙学习的读物，如朱熹的《小学》《童蒙须知》，朱熹弟子真德秀的《教子斋规》、王阳明的《训蒙大意示教刘伯颂等》、吕坤的《小儿语》、方孝孺的《幼仪杂箴》等。

传统蒙学读物编撰历史悠久，传承三千多年，早在周秦时期，我国社会中就已经流传了大量的蒙学读物。蒙学读物经过历朝历代的学者们不断地编撰注解及阐发，致使我国蒙学读物的文献版本较为繁杂，全面统计蒙学读物的种类及数量较为困难。张志公先生在分析传统蒙学读物的编写历史时曾言："中华书局曾经收集并且展览过五六十种童蒙读物；胡怀琛曾经写过一本《蒙书考》，开列了大约一百种所见所知的蒙书。"[①]据张志公先生所编的《蒙学书目稿》记载，他共统计了五百八十多种蒙书。在张志公先生的基础之上，徐梓的《中国传统蒙学书目》再统计出七百多种蒙书，由此书面记载的蒙书数量就超过一千三百多种。由于历史发展过程中的损坏，实际的蒙书数量远超于此。

根据史料记载，蒙学读物最早起源于西周时期，经过多年发展，蒙学读物走向昌盛，直到清末时期才逐渐衰弱。从传统启蒙教

① 张志公：《传统语文教育学初探》，上海：上海教育出版社 1992 年版，第 5—6 页。

材的发展历程来看，兴起于周秦汉时期，经过魏晋南北朝隋唐时期的发展，而至清朝中期，传统启蒙教材的编撰及使用进入了昌盛发展时期，直到清末才逐渐衰退。

西周的《史籀篇》是我国最早出现的启蒙书籍，王国维考证此书为周时史官教学童之书，因此他称之为“字书之祖”。秦之际，在《史籀篇》的基础上，李斯作《仓颉篇》、赵高作《爰历篇》、胡毋敬作《博学篇》，汉代则将《仓颉》《爰历》《博学》三篇，合并为一篇《仓颉篇》，《仓颉篇》也是我国首个专门用于启蒙教育的识字课本，在当时的社会中得到广泛使用。《急就篇》是史游所作的另一本在汉代具有极强影响力的启蒙读物。此时的蒙学读物多以识字为主，数量亦不多。

南北朝隋唐时期，除沿用《仓颉篇》《急就篇》之外，也编撰出较有影响的蒙学读物，据《隋书·经籍志》著录，如《通俗文》《飞龙篇》《女史篇》《杂字指》《小学篇》《发蒙记》《开蒙要训》及《千字文》，唐代的《太公家教》《蒙求》《兔园册》等。与周秦汉时期相比，蒙学读物不仅数量大大增加，而且在形式上开始采用诗歌、韵语或散文进行编撰。识字类蒙书仍然是南北朝隋唐时期启蒙教材的主流，此时亦有强调综合知识的教育读物，广泛涉及天文、地理、历史、伦理等方面的知识。张志公在《传统语文教育初探》中曾经提到，我国唐朝时期，已经开始将封建思想教育、知识教育和识字教育结合起来，形成较为系统的启蒙教育。[①] 然而值得一提的是，《隋书·经籍志》中记载的大部分蒙书都已经随着历史消逝。作为“三·百·千”中首先出现的蒙书，南朝梁代周兴嗣编的《千字文》，在小学教材的发展方面，起了承前启后的作用。它对后世蒙书影响巨大，一直沿用到清末。

---

① 张志公：《传统语文教育学初探》，上海：上海教育出版社 1992 年版，第 5—6 页。

宋元时期是我国启蒙教材较为发达的时期，著名学者直接参与童蒙读本的编写，从而提高了读本的权威性，保证了读本的质量，如朱熹、吕祖谦、王应麟、赵鼎、司马光等大学者都曾亲自编写童蒙读本。无论是在编纂的内容抑或是形式以及体例上，启蒙教材的编纂都较为系统完备，这样的教材体系形成之后较少变动，后期只有较小的发展和补充。《三字经》《百家姓》和《千字文》是宋朝直至民国年间社会上主流的儿童识字课本，是成体系化的儿童识字教材。《百家姓》和《三字经》编撰于宋朝，在民国年间，社会上以改编、新编等多种形式出现了三十多种《三字经》，使得《三字经》经过多年发展成为小学教材中的一个部类。启蒙教材的种类多样，按照内容来看，如《十七史蒙求》，就是著名的儿童读物，介绍历史的基础知识；《训蒙诗》为朱熹所著的诗歌类启蒙教材，另有陈淳的《小学诗礼》，汪洙所撰的《神童诗》和刘克庄所编的《千家诗》等，训练儿童写作诗歌的技巧；朱熹的《童蒙须知》和《小学》，俞观能的《孝悌类鉴》七卷，刘清之的《诫子通录》，吕本中的《童蒙训》，吕祖谦的《少仪外传》，陈淳的《启蒙初诵》，程端蒙的《性理字训》，真德秀的《家塾常仪》等，都是我国古代专门用于道德教育的启蒙教材。这些教材为儿童传授做人的道理，以及儿童在待人接物时应当秉持的态度和应遵行的准则。明朝时期的启蒙读物十分丰富，同时也出现了专门引导儿童学习并逐渐掌握科举考试要领的读物，如《幼学丛林》《龙文鞭影》等。清朝时期，启蒙教育得到广泛推广，启蒙教材除沿用前代外，又重新编订，如《唐诗三百首》《古文观止》。更有陈宏谋辑录《五种遗规》，囊括养正遗规、训俗遗规、教女遗规、从政遗规及在官法戒录，为童蒙教育与社会教育所用。特别需要指出的是针对女性道德教育的训诫类读物的编撰，如《女训》《列女传》《女小儿语》《闺训千字文》等即为女子专用的启蒙教材。“闺门乃王化之原”，重视对女性的启蒙教育是传统道德教育很重要的部分，尤其是宋明之际，理学兴盛，礼教盛行，闺门教化更是受到关注。各朝各代经典的启蒙教材不胜枚举，每一个朝代都会在原有教材基础之上，结合当时的历史编撰新的教材。但是在时光长河中，流失了大量的优秀蒙学教材，也有部分蒙学教材因自身原因而无法流传至今。

家训是构成蒙学读物的重要内容，为数不少。家训和蒙书一样，都是用于教化儿童，起启蒙教育的作用，但是蒙书和家训的内容又存在一定区别。首先，从教育对象来看，蒙学的教育对象包括社会中的贩夫走卒、髫龄儿童、村夫牧子等社会各个阶层的人，涵盖的范围较广。相对而言，家训的受教育者主要指家族中人，包括父亲对子孙的教训、兄长对弟妹的教训、族长对族人的教训、丈夫和妻子之间的相互嘱托等等。尽管部分家训的内容在社会各阶层中得到广泛流传，进而逐渐流传为蒙学读物，但是绝大多数家训书籍仍是传于家族或家庭范围内。其次，从编撰者的角度来看，蒙书大多是由社会中下层的儒家学者编撰，且大部分蒙书都是合多人之力共同编撰，难以考证作者谱系且思想多有杂糅。与之相反的是，家训大多是社会的精英阶层所编撰，作者可以考知，在内容上有十分浓厚的儒家思想色彩。最后，从编撰的内容来看，蒙学的根本目的在于消除蒙昧，帮助稚童启发心智，对童蒙进行知识教育和伦理道德教育。家训的主要目的在于保家风、振家声，因此家训中的大部分内容会与家族事务相关。

女训从其受教者而言，应属于家训范畴。但在《中国丛书综录》中，女训与家训、蒙学等并列，归类为儒家的礼教类，由此亦可看出女训与家训多有不同。女训以女子为教化对象，以“四德”为道德养成的核心内容，以“三从”佐证男尊女卑的价值设定，从而养成女子对封建伦理纲常的道德自觉。与家训相较，女训更多强调女性道德规范与要求，强调的是女性妇言、妇容、妇德、妇工的具体行为训练。虽是囿于家庭教育的范围，但在教化内容上与家训截然不同。当然，在教化目的与教化方法上也是多有不同。女训的目的是造就贤女、贤妇及贤母，教化出男权社会中以“顺”为美的道德人格。在教化方法上，多有父兄相为陈述之法，亦有母教之法。

启蒙教材的分类，因其数目众多，种类繁复，不同学者分类也多有不同。一般而言，对启蒙教材的分类，作者通常会研究重要的书目，并对这些书目进行分类研究。从数量、编撰体例、内容性质这几个层面出发，徐梓先生认为蒙学读物主要分为如下 12 个类别：“文字；三・百・千；综合；历史；经学・理学；蒙求；韵对；小学；故事、图画、诗歌；文选；丛书；其它。”[①]按其教育和教学需要的不同特点，吴洪成在其所著《中国小学教育史》中，认为中国蒙学读物主要划分为识字教育、诗歌教育、历史教育、伦理教育、名物制度和自然常识教育等六种类型。无论是识字教材还是历史教育教材抑或诗歌教育类教材，都必然渗透着伦理道德的教育，绝非不讲道德的纯粹识字教材，这也是传统启蒙教育的显著特点。

启蒙教材就其形式而言，多采用韵语、联语的形式，读起来朗朗上口，便于儿童记诵。语言精练，篇幅短小，赋予儿童以丰富的道德知识、伦理规范。同时集经传史籍之名言训诫，及先贤圣人之嘉言懿行，诱导启发儿童。

在唐代以及五代十国以前，我国社会中的蒙养教材中大多是综合性内容。例如，在识字课本中，也会向学生传授一般知识或道德伦理。在北宋以后，人们开始分门别类地撰写蒙养教材，此后社会中也开始出现关于道德教育、诗词歌赋、历史故事等分门别类的蒙养书籍。而北宋后期的综合教材中涵盖的内容也日趋广泛。[②]

---

① 徐梓：《蒙学要义》，太原：山西教育出版社 1991 年版，第 232 页。

② 毛礼锐，瞿菊农，邵鹤亭编：《中国古代教育史》，上海：人民教育出版社 1979 年版，第 422 页。

一般而言，童蒙读物主要分为知识类读物和伦理类读物两种类型，前者主要为受教育者阐释了识字知识或名物历史类知识，后者则主要为受教育者阐释了人伦规范与道德训诫。知识类读物和伦理类读物都是为童蒙所写，因此童蒙读物大多采用朗朗上口的韵语或诗歌，且形式多种多样。就其影响的范围来看，虽是为儿童所写，但是在教育实践上，由于它们是“乡校俚儒教田夫牧子之所诵也”，对“村姑里妇”也有深刻影响，其适用的范围极广。因此，蒙学读物的对象不限于儿童，它适于一切低文化程度者，没有文化的成年人也可受其启蒙。

启蒙教育以启蒙教材为载体，针对不同的教育对象，各有专书。童蒙养正、子女教育及闺门教化，形成以蒙书、家训及女训为代表的系列启蒙读物。蒙书、家训及女训，既各有专书，同时又有交叉互用。语言简洁便于诵读的家训也成为了蒙书的主要篇目，如《颜氏家训》《朱伯庐治家格言》。女训为女子教育专书，既是女训也是家训，但对女子进行启蒙教化，又不止于女训。一些女训名篇也不止于家庭，在社会教育中亦被使用，如《女诫》也流传于当世。教育家中子侄儿孙，亦不止于家训家规，流传甚广的蒙书也是家教教育用书，如《三字经》《百家姓》《千字文》。启蒙教材中还有一类读本，如以《增广贤文》为代表，杂糅儒释道三派思想，反映人情世故之态，并非为童蒙所作，因其朗朗上口且对世俗生活的反映真切，也成为了启蒙教育过程中使用的蒙学读本。

第二节　道德教化与道德养成

启蒙教育以启蒙教材为载体，通过道德教化使童蒙能够明人伦而知礼仪，获得伦理道德教育。教化是传统社会进行道德教育的主要途径。中国古代的教育，实际上即是道德-政治教育。很大程度上，我们可以说教育即是“教化”。教育以德教为主，确实也是事实。道德教育是从西周起就有的传统，教化则在汉代获得完整意义。在教育全体社会成员使其获得道德属性方面，教化与广义的道德教育涵义一致。启蒙教育中的教化以儒家思想为宗，以儿童为对象，以人性学说为其依据。在将儒家经典通俗化、世俗化的过程中，蒙书、家训及女训无疑是个中翘楚。

一、道德教化

道德教化是传统社会的一个极其重要的主题。教化侧重于政治风化角度，融政治、道德与教育于一体，它既是道德概念也是政治术语。作为一个道德概念，它与道德教育紧密相连。教化是道德教育的职能。道德教育的职能就是“行教化”，以教化民。在我国古代，道德教育是一种综合性教育，融未分化的社会意识、礼仪与风俗于一体，主要通过儒学的教化制度来实现。

“教”与“化”未成为“教化”时，已是中国古代典籍中出现频率很高的词。所谓“教”，《说文解字》的解释为：“上所施下所效也”；而“化”，《说文解字》解释为：“化，教行也”。“教化”在中国古代时期，具有较强的人文性。新版《辞海》认为，“教化”的内涵主要有政教风化和环境影响这两方面，前者主要指的是教育感化，而后者则主要指的是外在影响。[①] 从这两点来看，中国古代教化其一是为了教育化人，其二则是为了化民成俗。教化是主张通过环境熏陶的方式达到教书育人的目的，而不是通过强制性的手段“化人”。《辞海》中关于“教化”的解释侧重了“教化”在道德教育层面的涵义，并

① 《辞海》(下)，上海：上海辞书出版社1999年版，第4175—4176页。

未阐明教化在国家政治伦理层面的实质内容。

中国古代主要在如下两个方面使用“教化”一词。其一，它处于治国方略的高度，如“美教化，移风俗”，它是一种儒家治理国家的理想途径。孔子言“为政以德，譬如北辰居其所而众星共之”，“道之以政，齐之以刑，民免而无耻。道之以德，齐之以礼，有耻且格”(《论语·为政》)，阐释的正是我国由来已久的德治主义思想。教化和德治是两个相辅相成的概念，在我国古代的统治者看来，教化也属于治国方针。教化主要是为了引导民众脱离蒙昧，实现“民正”，如此政治方可稳定。董仲舒曾言，“夫万民之从利也，如水之走下，不以教化堤防之，不能止也。是故教化立而奸邪皆止者，其堤防完也；教化废而奸邪并出，刑罚不能胜者，其堤防坏也。古之王者明于此，是故南面而治天下，莫不以教化为大务。”①其二，教化也指对受教育者心灵的引导和价值观的培养，使得受教育者能够逐渐脱离原先的特殊状态的过程。人的心灵受到教化后的状态与动物性的状态有所区别。儒学在中国古代是民众服膺的价值观以及文化思想，“教化”以儒家思想为其核心内容。“人之有道也，饱食暖衣，逸居而无教，则近于禽兽”(《孟子·滕文公上》)，孟子以是否有道德阐明人和禽兽的区别。人不会随着本能生活，而是通过“教”逐渐脱离本能生活从而“异于禽兽”，逐渐达到一种普遍的生活状态。“仁”“义”“礼”“智”等道德品性为人所有，是可以通过道德修养获得的道德性，能够实现仁义礼智的可谓“君子”，不能摆脱本能遵循本能的“庶人”则是“去之”。由此可见，人拥有合乎道德的生活，是人之为人的主要原因。正是由于教化之功，人能够摆脱本能生活实现本质性的飞跃。

因此，就国家层面而言，教化是一种政治-伦理措施；从个人层

① 班固：《汉书·董仲舒传》(下册)，长沙：岳麓书社1993年版，第1082页。

面来看，教化是个人道德修养之途径与方式，教化能够帮助人逐步掌握道德规范，在潜移默化的影响下逐渐塑造正确的价值理念，养成良好的道德品性。国家层面和个人层面的教化相辅相成，相互联系。对于统治者而言，教化的根本目的是为了促进整个社会的稳定与秩序，得享天下太平。而"欲明明德于天下者""必先治其国"，"欲治其国先齐其家"，"欲齐其家先修其身"，国家秩序的构建过程则需要个体人格的完善。加强对个人的教化，就能够帮助统治者控制民心，达到"善教"的目的，如此方能实现统治者的政治理想。因此，"古之王者，南面而治天下，莫不以教化为务。立太学以成教于国，设庠序以化于邑，渐民以仁，靡民以谊，节民以礼，故其刑罚甚轻而禁不犯者，教化行而习俗美也"(《汉书·董仲舒传》)。居上位者所要的就是"尊教化"，通过设立各级学校机构，推行道德教化，从而实现移风易俗，成教于国。

在传统社会中，教化是礼治社会推行礼俗规范行为的手段。费孝通先生认为中国传统社会由"长老"所控制，采用礼治的手法达到教化的目的。"礼"是社会公认的行为规范。外在的权力并不足以作为控制和推行礼的力量，人只有在教化中逐渐掌握"礼"的精髓，才能逐渐产生敬畏感并自觉践行。因此，在中国传统乡土社会中，教化权力也是其权力结构中的重要内容。教化权力可以在中国的乡土社会中传播儒家思想，准确地诠释儒家的价值规范。

费孝通认为，"教化性的权力虽则在亲子关系里表现的最明显，但并不限于亲子关系。凡是文化性的，不是政治性的强制都包含着这种权力。"①当社会处于稳定中，变化较少时，那么社会中也不会出现大量新的问题，文化也将会趋于稳定。"如果我们能想象一个完全由传统所规定下的社会生活，这社会可以说是没有政治

① 费孝通：《乡土中国》，上海：人民出版社 2010 年版，第 82 页。

的，有的只是教化。”[1]在乡土社会体系中，传统的“礼”对人的行为加以约束，儒家学者也希望通过教化权力将社会打造成为受传统“礼”约束的社会。儒家学者并不希望通过横暴权力维持社会秩序，他们所希望的是通过教化性的治国政策，在社会中推行儒家道德伦理规范，从而真正约束人的行为。

针对儿童和妇女进行启蒙教育时，中下层儒者以及上层士绅本身拥有或大或小的教化权力，这些具有教化权力的教育者可以用自己的身份、地位、学识对妇女和儿童进行教化。普通民众在接受教化以后，能够逐渐学习儒家所提倡的社会规范以及道德训诫，并渐渐被社会所接纳，此时普通民众就能够在社会中产生归属感和安全感。如果普通民众在接受教化以后仍然会违反社会规范，那么他就会被他所在的家族以及整个社会弃之不顾，甚至会受到家法族规的惩罚。所以，就教化之功而言，一方面，教化的目的是希望能够养成遵守儒家纲常的“顺民”，普通的民众即为此类，如村夫牧子之人、贩夫走卒之徒、引车卖浆之流；另一方面，教化也希望能够培养出促进国家发展的君子。朱熹认为儿童读《小学》就是从小打下圣贤的“坯璞”，日后可为圣贤，可堪大任。“君子学道则爱人，小人学道则易使”，人们为了维持社会政治的稳定性，选择采用不同的标准培养人，不同的标准培养出具有不同德性与才干的人，德性与才干的不同也造就了个人在社会中所承担的社会责任的不同。儒学教化帮助统治者建立秩序从而实现对社会的整合。

二、道德养成

道德养成主要指的是结合个体道德的生长规律，家庭、学校以

① 费孝通：《乡土中国》，上海：人民出版社 2010 年版，第 82 页。

及社会需要反复训练个体的道德行为，使得个体能够逐渐通过训练养成良好且稳定的道德行为习惯，并将其逐渐内化为个体的道德品质的一种道德教育方法。[①] 从上述关于道德养成的含义来看，道德养成包括道德养成的主体、道德养成的对象、道德养成的目标和途径方法等多方面的内容。道德养成既是一种道德教育观，也是培养道德品质的方法。

首先，道德养成的主体是家庭、学校、单位和社会，不仅仅局限于学校教育。这样一来，道德养成就是一个系统且全面的教育工程，是一个过程性的教育活动，具有连续性。连续性既体现在教育主体的衔接上，也体现在教育阶段衔接上。以启蒙教育为例，教育活动既有政府主管的官学，也有民间兴起的私学；既有家学家教，又有社学义学等社会办学；既有上层士绅参与其中，更有中下层儒者的亲力亲为。在教育阶段的衔接上，朱熹明确大学和大学的入学年龄及所学内容。八岁入小学，"知其事"；十五岁入大学，"明其理"。早在汉代，启蒙教育不同阶段所读之书已有明确分别，汉代书馆的授课已有次序之别，"汉时教初学之所，名曰书馆，其师名曰书师，其书用《仓颉》《凡将》《急就》《元尚》诸篇，其旨在使学童识学习字。"[②]学童学完字书以后，接着进入初读一般经书阶段。这一阶段一般由"乡塾"来承担，其教师称"塾师"，或直接称"孝经师"，主要是学习《孝经》《论语》，有的还学《尚书》或《诗经》，个别有学《春秋》的。但《孝经》《论语》为必读。[③]

其次，未成年人个体是道德养成的主要对象。道德养成是一个过程性行为，它可以贯穿个体道德品质养成的始终，不断在生成

① 陈延斌：《养成教育：未成年人道德建设的着力点》，《光明日报》2004 年 4 月 27 日。
② 王国维：《观堂集林 · 汉魏博士考》，石家庄：河北教育出版社 2001 年版，第 107 页。
③ 毛礼锐，沈灌群主编：《中国教育通史》（第二卷），济南：山东教育出版社 1986 年版，第 113 页。

不断在进益。然而道德品质的形成有其自身的规律，无论是从道德认知、道德情感还是道德行为来说，启蒙教育时期都是关键期。儿童幼时，“心思未有所主”，如同一张白纸，所谓“染之苍则苍，染之黄则黄”，早期的教育对个体的成长尤为重要。因此，启蒙教育中道德养成要遵循儿童心理发展规律，提高道德认知，激发道德情感，培养道德行为习惯，实现道德养成的目标。

再者，道德养成的目标是促使个体养成稳定的道德品质。为谁培养人、怎样培养人、培养什么样的人，历来是教育关注的首要问题。道德养成始于道德认知，中经道德行为训练，终成优良道德品质和完美理想人格。如同《大学》所阐释大学之道，明德、亲民、止于至善，小学阶段的教育明人伦习礼仪，泛爱众而亲仁，圣与贤，可驯致。

最后，道德养成的途径和方法，是对个体道德行为的反复训练。儿童年幼道德认知能力较差，因此，对于儿童来说，道德养成重在行为，以行为作为培养个体道德的起点和切入点，从而能够将社会的道德规范内化为个体的道德心理结构。这是一个从被动到主动、从不自觉到自觉的实践过程。道德养成的方法也多关注外在教育环境的改善，适应儿童年龄特点与心理特征的奖掖诱劝，如环境陶冶法、改过迁善法、歌诗化育法、榜样垂范法等方法。通过对行为的反复锤炼，引导儿童由道德认知到道德行为发展，逐步积淀为道德品质。行为习惯一旦形成，就具有稳定性不会轻易变动，正如孔子说，“少成若天性，习惯如自然”。

道德养成教育在我国道德教育实践中历史悠久，也是我们传统文化中道德教育的显著特点。道德养成教育的德目以“仁”为核心，形成“仁义礼智信”五种常德，在五种常德之外，不同历史时期又各有特点。春秋时期管仲提出“礼义廉耻”，汉代对“孝”的强调，以及“仁智勇”合称，宋明之际对“忠”“节”的提倡。这些德目经过后世的继承与发展，不断损益，形成了适应当代社会需要的道德德目。陈延斌教授通过对传统道德文化的扬弃，提炼出“两纲八目”的德目规范体系。“两纲”即为“忠孝”，“仁义礼勤俭信和耻”即为八目。按照未成年人的不同年龄阶段，他给出了具体可操作的道德行为规范，并列出了不同年龄应该实行的具体指标。

三、道德教化与道德养成的关系

养成儒家所希冀的道德品格，必然需要进行道德教化。以蒙书、家训、女训及乡规民约为载体，在官学及私学的共同作用下，道德养成通过道德教化活动的实施，获得社会希冀的道德品质和理想人格。

中国古代社会进行道德教化最主要的手段有家训、蒙学、经典、民间文化、民俗民风。教化手段多样化，教化的载体也是多样化。重视儿童的养正教育，即是以儒家的伦理道德规范培养童蒙纯正无邪的品质，这是道德教化的目标与主旨。按照组织形式分，启蒙教育中的儒学教化可有学校与非学校两种途径。官学、社学、义学等是具备制度性和组织性的学校途径。一般而言，官学止于县学，而且基本不承担基础教育的任务。早在上个世纪 90 年代初，黄书光认为儒学之所以能够大行于封建社会，并深入民间，最大限度地体现其强烈的人生实践精神，除了经济、政治以及儒学本身的通俗性等因素外，主要是因为存在着一整套以儒学为核心内容的教化网络。它既通过正规的学校教育形式，更注重非学校的社会途径。① 这充分肯定了非学校的社会途径在儒学教化中的重大作用。非学校的教化途径，一般而言，其表现形态更加多样化，

① 黄书光：《论儒学社会化的若干途径》，《教育史研究》1992 年第1期。

有谕俗乡约、家规族法、祭祀活动、戏剧小说,乃至民风民俗等等。在启蒙教育阶段,官学的范围很少触及基础教育,基础教育更多地通过非学校途径来开展教育活动。封建社会末期,启蒙教育受到重视,如明清之际的社学,虽有官方背景,但也与民间私塾的类型、教学方法以及师资力量极为相似。所以,启蒙教育的道德教化既通过扎根于民间的各类书馆、乡学、村学、家塾、冬学、义学、社学等学校途径来实现,也通过各类家训族规、谕俗乡约、女训女诫等非学校的途径来实现。

中国传统启蒙教育以儒家思想为宗。启蒙教育中的道德教化就是用儒家思想来教育儿童,使儿童知洒扫应对进退之节,学礼乐射御书数之文,通过内化和外化的塑造,培养出圣贤的“坯璞”。那么,儒家经典是如何将高雅文化通俗化,得以成为蒙童所能接受的启蒙读物?也就是说,理论的价值体系如何转而为现实的社会规范?这就要对儒学的存在形态有所了解。

一般来说,儒学有两种形态,一种是在野的民间形态,一种是在朝的官方形态。即民间儒学和官方儒学。民间儒学是指儒学原本就是以民间学术的形态出现,孔子教书育人传播思想并非是政府的行为。与当时作为显学的法学学说相比,儒学并不受官方重视。《汉书·艺文志》曾概括了民间儒学的学术特征,称其“游文于六经之中,留意于仁义之际,祖述尧舜,宪章文武,尊师仲尼”等。①汉武帝罢黜百家、独尊儒术以后,官方儒学才开始渐渐在我国传统社会推广,直至清朝末年,儒学都是官方形态,对社会的思想以及文化具有统领作用。

在传统意义上,民间儒学是相对于官方儒学而言的。在官方

① 张荣明:《民间儒学与官方儒学》,《天津师范大学学报》(社会科学版)2012 年第 1 期。

儒学解体之后，民间儒学就是相对于学术儒学或精英儒学而言。这样一来，儒学就有民间儒学、官方儒学和学术儒学等三种形态。所以，儒家主要有如下三种空间生存状态：第一，原初形态，是一种典型的学术或思想；第二，官学化状态，此时人们开始运用儒学治国，将儒学思想看作是治国方略，儒学也逐步成为社会主流的意识形态，儒学精神随处可见于文教措施以及政治理论之中；第三，民间形态，在民众的日常生活中起主导作用的儒学思想。民间儒学的形式与前两种相比更加多元化，民间色彩更加浓郁。理论必须扎根于生活，也只有在现实生活中，理论才能获得其活力。各类塾、馆、社学、郡县学等学校机构都成为庶民们求学的主要场所，庶民们也通过这些机构的教育领悟孝悌忠信的内涵，这就是民间儒学。①

儒学三种形态的演变是高雅文化通俗化的过程。蒙学、家训及女训正是儒家思想民间形态的表现，同时也与原生态的儒学和官方的儒学相互辉映。儒家经典“六经”及诸子百家的文章在先秦时期属于社会的高雅文化，这些文章都拥有十分严密的论证、深刻的思想理论，对于文化水平有限的一般社会成员来说，难以诵读和领悟。要使先秦的这些儒家典籍能为普通民众所接受，就需要将这些深奥难懂的语言转化为通俗易懂的语言，而家训和蒙学就成为了实现儒家典籍通俗化的重要载体。

蒙学读物是一种民间文化或世俗伦理。陈来在《蒙学与儒家世俗伦理》中认为，在正统的儒家文化之外，有一个民间文化或世俗伦理的存在。这个世俗伦理和民间文化，有更广大的民众信奉，有更加深厚的群众基础。与圣经贤传中所表达的理想价值体系不同，世俗伦理和民间文化反映的是百姓日常生活的实际。“世俗儒家伦理与精英儒家伦理不同，它主要不是通过儒学思想家的著述

① 刘静：《走向民间生活的明代儒学教化研究》，上海：华东师范大学 2004 年。

去陈述它，而是由中下层儒者制定童蒙教育实践以及他们所编订的童蒙读物形成的”[1]。周谷城先生在为岳麓书社出版的《传统蒙学丛书》作的序中指出，“当时普通人所受的教育，以及他们通过教育而形成的自然观、神道观、伦理观、道德观、价值观、历史观，在这类书中，确实要比在专属文人学士的书中，有着更加充分而鲜明的反映”。

中下层儒者制定的童蒙教育实践及蒙学读物形成世俗儒家伦理，是典籍文化演变为民间文化的表现。家训同样也是儒家典籍通俗化的产物。家训虽然多为上层士人为保家风、振家声而编撰，然而到了宋元明清之际，家训也出现了社会化的倾向，既为齐家治家，也为范世规训。家训的使用范围也不止于家庭家族之内，也会流传于世，为社会教化所用。此外也有不少乡规乡约的编撰，参与编撰者也并非上层士绅，不少编撰者是中下层儒者或者平民之人。家训的世俗化就要通俗易解，文字表述上也要做通俗化处理。“在研究中国传统文化时，如果忽视了中国传统家训的教育意义以及文化内涵，这样的中国传统文化研究结论是不完美的，也是不可思议的”[2]，所以，家训也是儒家经典转化为民间文化的典型，是传统儒学道德教化的重要途径和载体。

将儒家道德落实于人伦日用中必须经过一系列切实可行的教化路径。在日常生活中，对民众“道之以德，齐之以礼”是儒家道德养成的必由教化之路。孔子明言“克己复礼为仁”（《论语·颜渊》），强调礼的重要性，“不知礼，无以立也”（《论语·尧曰》），礼是生而为人安身立命之本。因此孔子要求弟子做到“非礼勿视，非礼勿听，非礼勿言，非礼勿动”（《论语·颜渊》）。孟子认为“非礼无

① 陈来：《中国近世思想研究》，北京：商务印书馆2003年版，第409页。
② 张艳国：《简论中国传统家训的文化学意义》，《中州学刊》1994年第5期。

行”(《孟子·离娄下》),礼是成就君子人格的不二法门,舍此无他,“夫义,路也;礼,门也。惟君子能由是路,出入是门也”(《孟子·万章下》)。荀子强调“隆礼重法”(《荀子·君道》),“故人无礼而不生,事无礼而不成,国家无礼而不宁”(《荀子·修身》),对于国家治理来说,礼与刑就是主要的治理手段。

启蒙教育中的道德养成则是在对礼仪规范的具体要求中得以完成。对于童蒙而言,因其年龄小,记性较强而弱于理解,“所历事皆能不忘”,因此启蒙教育以成文的行为规范教导童蒙,以可操作性的礼仪规范约束童蒙。详细具体的行为规范要求,简单明了,反复训练,在日积月累的过程中养成行为习惯。如《弟子规》中,对于“孝”的行为约束,“父母呼,应勿缓。父母命,行勿懒。父母教,须敬听。父母责,须顺承”,这些具体的行为正是“孝”的行为表现,对于童蒙来说简单易行。即便不理解“孝”的确切涵义,但能够遵照执行既是孝行。

道德养成是培养个体道德品质的道德教育观和和培养方法,重在行为训练和教育过程。道德教化是实现道德养成目标的必由之路和教化途径。道德养成通过礼乐教化实现儒家道德在世俗生活的展现,通过道德教化的实施,使儒家道德切于人伦日用,指导现实生活并造就国家需要的人才。

第三节　价值观与价值观建构

“文化就其实质而言就是价值观在社会实践中的对象化、现实化。文化的灵魂、精髓是它的价值观,其深层结构是它的价值体系,而价值体系是价值观的具体化。价值观和价值体系一起构成了一种文化的价值层面,可以说是一种文化体系的价值文化层面”[①]。价值属于某种观念，那么价值文化也属于观念文化，在制度、行为以及器物中也会展现价值文化。在我国传统文化中，尚德性一直是比较显著的特征。德性主义的价值取向，伦理本位的显著特征，在某种程度上，造就了道德养成与价值观建构的统一。

一、中国传统价值观

在人类生活中，价值是一种普遍存在的现象。“对我们周围现实事物的评价，在我们任何个人和整个社会的生活中都是每日每时亿万次地重复着的事实。对自然和社会事物价值关系，即对我们所需要的东西，我们所珍惜的东西的选择，是一种最基本的行为，没有这一行为，作为有各种不同需要、兴趣和目的的存在物的人既不能活动，也不能生存。离开了看待事物的价值方法，社会也不能存在”[②]。因此，我们通常会在日常生活中判断和评价事物本身的价值。在学术领域，“价值”也会被经常使用，比如我们会说到“社会价值”、“价值中立”、“商品价值”、“交换价值”等等。因此可以说“价值”是一个拥有多种涵义并可在不同学科当中使用的词语。

价值最初是在经济学领域中使用的概念，指的是凝结在商品中无差别的人类劳动，是商品的基本属性之一。我们所要讨论的价值不是经济学意义上的价值，而是哲学意义的价值。虽然“价值”范畴在19世纪中叶被引入哲学领域，但并不影响我们对于事

① 江畅，戴茂堂，周海春等：《我国主流价值文化及其构建研究》，北京：人民出版社2013年版，第1页。

② 图加林诺夫：《马克思主义中的价值论》，齐友等译，北京：中国人民大学出版社1989年版，第1页。

物的价值认知和观点看法。即使人们没有提出价值或价值观等概念，人们也仍然会产生判断是非曲直的标准，这些标准也将会逐渐汇聚为人们的价值观。作为哲学概念的“价值”含义，学界也是众说纷纭莫衷一是。马克思对于价值的理解，虽无明确表述，但有几点论述可以大致界定。价值是一种主客体之间的关系，即客体的属性与人的需要之间的联系。简单来说，事物对于人产生了意义，该事物也就产生了价值。人们对某种事物产生的价值或判断也就是价值观，所以说价值观也就是观“价值”，是对价值及其相关内容的基本看法和观点。价值观涉及到人们对自身生活的世界、社会、他人以及与自己关系的看法，具有系统性和稳定性。价值观一旦形成，会对个体的行动以及态度和情感都会产生潜移默化的影响。价值观是意识形态领域的组成部分，因此受实践活动的制约。不同的实践活动会造就价值观的差异，比如中国传统文化价值观与西方价值观就存在巨大差异。

价值观与世界观和人生观紧密相连，三者形成有机整体，影响着人们的价值判断。价值观以世界观为理论基础和前提，同时价值观又制约和影响着人生观。人生的苦乐、荣辱、生死、善恶、爱憎等问题，包括公私观、义利观抑或幸福观，无不受人的价值观的影响。中国传统文化的家国同构的社会结构，其价值取向就是重视整体利益，强调责任奉献，那么在处理公私关系和义利关系时，就会有国而忘家、公而忘私、先义后利的价值倡导。

传统文化中没有“价值观”一词，我们用“贵”、“尚”这样的字眼来表明在价值观上的态度。比如在殷商时期，古人“尚鬼”、“尊神”，这是商朝人的价值观念。西周的价值观在既有价值观基础上有所损益，突出表现为“敬德”、“保民”和“尊礼”。我国传统的价值观在西周时就已经初具雏形，其中的许多观念，如对道德、人民和礼制的重视和强调等，成为了两千多年来中华民族价值观念的核心内容。[①] 周礼对中国传统的价值观产生了深远影响,成为维护社会秩序的主要规范,可以辨别善恶,同时也成为了价值判断的主要标准。后世孔子以恢复周礼为己任,念兹在兹,希冀以周礼来匡正世道人心。先秦儒家的价值观思想,多是对西周重"德"思想的继承。孔子贵仁,以仁为最高的道德原则,并把"克己复礼"、"己所不欲勿施于人"作为处理人际关系的价值准则。孟子仁义并举来进行价值评价。在国家治理方面,儒家倡导礼的约束与价值导向,提倡"德治"、"仁政""大同"的价值理想。

不同于儒家奉行"爱有差等"的人伦价值观,以墨子为代表的墨家提出爱要"不辟亲疏",不分人我、不分亲疏,以"兼相爱,交相利"的价值准则处理人与人、人与社会的关系。如果说墨家是一种贵义尚利的价值观,那么道家学派奉行的就是一种自然主义的价值观。"道"是道家哲学的核心概念,也是其价值观的基础。道既是社会之道也是人生之道,而"自然"则是"道"的最终依据,"人法地,地法天,天法道,道法自然"(《老子》二十五章)。"自然"是道家思想的理论基点,也是道家处理人际关系的价值准则。本于"自然",自然反对"有为",发展到"齐是非""齐善恶",走向相对主义的价值观。法家则是功利主义的价值观。法家认为,人人"自为"(利己),是人之本性。如此一来,在国家治理上,应当因势而利导之,尚"力"崇"法",以规范约束人性。

先秦诸家对价值观的探讨,其内容几乎囊括了中国传统价值观理论的所有问题。各家学派观点迥异而又颇有见地,各自提出一套范畴体系自成其说,为后世所沿袭并有所发展。先秦价值观的有关思想为以后两千多年价值观思想的发展奠定了坚实的基础。

---

① 罗国杰主编:《马克思主义价值观研究》,北京:人民出版社 2013 年第 1 版,第 47 页。

汉武帝“罢黜百家，独尊儒术”后，在封建社会中，就以儒家思想作为主流价值观。作为维护封建统治秩序的价值观，这是作为意识形态的价值观，已不同于孔孟等儒家学派的价值观。这也是作为意识形态的儒家思想和作为学派流派的儒家思想的区别。

儒家思想成为封建社会的正统价值观，其价值观的建构有其理论支撑，具体表现为：价值观建构以天道观和人性论为理论依据；确定“三纲五常”为核心的宗法等级制价值体系；强调核心价值观-道德与利益的关系问题；对价值观的教化及教化途径与方法给予极大关注。这部分内容会在价值观建构的章节具体展开。

二、价值观建构在我国传统社会的作用

一个社会之中，因价值主体的不同，主体的需要也会呈现出多元化，表现为不同的价值观。价值观多元是实然存在，而一个社会的稳定发展又需要价值引领，所以需要一个能对多元价值观进行统领的价值观，也即是一个社会的核心价值观。在价值观建构过程中，处理好价值观问题上的一元与多元的关系尤为重要。一种价值文化在社会众多价值文化中能够脱颖而出，成为主流价值文化需要有如下两个条件：其一，一个社会必须是价值多元化的，如果只有一种价值文化，这个社会就不存在主流与非主流价值文化的问题；其二，在多种价值文化中，有一种价值文化真正能起主导作用，这种主导作用具体表现为对其他价值文化的引领与指导，而不是抗衡甚至是对立。[①] 在普遍的意义上，每一个特定的社会、民族国家乃至每个个体所形成的价值观必须是一元的，因为对于国

① 江畅，戴茂堂，周海春等：《我国主流价值文化及其构建研究》，北京：人民出版社2013年版，第3页。

家和民族来说，一元论的价值观是其赖以生存并独立发展的唯一选择；对于个体而言，一元论的价值观是每个具体的人实现其完整人生的价值观基础。然而我们也不能据此就排除在共同价值目标之下，个人具有价值选择的多种可能性与相对独立性。

儒家学说及其所包涵的核心价值观成为传统社会的核心价值观，这与儒家思想本身及其发展的思想体系密切相关。儒家思想本身所倡导的“亲亲”“尊尊”等价值理念适应宗法社会差序格局的秩序，日益成为人们政治生活和日常生活的精神支柱和价值规范。此外，儒家价值观在发展过程中也不断吸收了其他学派的精华，更加适应了传统社会的内在需要。

传统社会的核心价值观，从本质上说属于社会意识形态。因此，它的确立、发展及变化，都脱离不开生产方式的制约。作为意识形态的组成部分，传统社会把价值观的构建上升到事关国家存亡的高度。管仲在《管子·牧民》中提出“礼义廉耻”是国之四维，“礼不愈节，义不自进，廉不避恶，耻不从枉”，管子认为这是支撑国家的纲纪。“一维绝则倾”，失去一维国家政权就会倾斜，遑论四维绝，“四维绝”导致的后果是国乃灭亡。事关国之安危，因此统治者需要一套价值体系来维护政权的稳定，儒家思想家也为此进行理论论证，孔子以周礼为基础的“礼治”的思想，董仲舒构筑“三纲五常”的道德规范，宋明之际的“理学”，都是在以儒家价值观构建传统社会的价值体系。

传统社会以儒家思想“仁”“礼”为核心的价值体系的历史发展，大致经过三个阶段：“第一个阶段到董仲舒‘废黜百家，独尊儒术’，第二阶段到唐代‘三教合一’，第三阶段到‘宋明理学’。”[①]这种发展阶段的划分是从儒家价值体系发展过程中思想脉络的发展而

① 李从军：《价值体系的历史选择》，北京：人民出版社2008年版，第333页。

言。就儒家思想从作为精英阶层的文化到儒学的世俗化而言，还有另一条发展脉络，即以孔子为代表的儒家学术体系的形成为第一阶段；以董仲舒为代表的“独尊儒术”，儒家学说成为主流意识形态，这是儒学价值体系发展的第二阶段；科举制度化后的儒家思想的普及，儒家价值观深入民心为老百姓自觉需要，这是儒学价值体系发展的第三阶段。在启蒙教育的道德养成与价值观建构过程中，传统社会价值观的两种历史演变是交织在一起的。既有董仲舒与朱熹对儒学价值观的确立与论证，也有通过道德教化实现儒学价值文化从精英阶层到民间的世俗化过程。相较而言，启蒙教育更侧重于第二种分段方法，因为启蒙教育本身正是儒学世俗化的表现。在启蒙教育中，借助蒙书、女训、家训等载体，把儒家经典的微言大义化为童蒙易知的揖让言辞，启蒙教育实现了儒学世俗化，为民众日常生活提供了价值规范。

第一个阶段，从孔孟的儒学体系到儒学确立为社会正统思想。“百家争鸣”之际，以“仁”为核心建构道德价值体系的儒家只是其中一个学派，同时存在的还有功利主义价值体系的墨家、自然价值论的道家及权利价值论的法家。儒学之所以被确立为社会正统思想，则是历史发展的选择。儒家学说强调等级观念，主张实行“礼治”，通过董仲舒的发展突出“三纲五常”的价值，适应了君主专制统治的需要，因此，儒家思想从家庭伦理范畴的道德规范上升为国家上层的意识形态。这时的儒家思想已由学术体系转变为意识形态，成为精英文化的代表，为维护等级秩序的稳定提供理论支撑。

第二个阶段，从“罢黜百家，独尊儒术”到唐末儒释道“三教合流”。汉初“无为而治”的黄老之学在汉武帝之时愈发不能适应当时的形势，董仲舒因势而成，在“天人三策”中阐述儒家思想，回答汉武帝国家治乱兴衰及长治久安的“大道之要，至论之极”。儒家学说因其强调道德教化、主张建立大一统秩序、强化中央政权等思想而为当时所用，成为社会的主导思想。但显然，此时的儒家思想与先秦儒家思想已有所不同。董仲舒对儒家思想的改造，表现为以儒家思想为中心，但同时又吸取黄老治学，糅合名家、法家、阴阳家各派思想而成的体系。董仲舒的思想体系强调积极有为，主张德主刑辅，宣扬天人感应，是汉代构建的价值体系，维护并巩固当时的国家政权。

汉代之后的四百余年，中国社会陷入动荡，相伴而生的则是价值观领域内的冲突与融合。多元价值观的竞争，具体表现为魏晋南北朝时期儒家的纲常名教与道家自然价值观的冲突，同时还有玄学与儒学、儒学与佛学的矛盾与对立。在对立与冲突中，价值观念实现由旧到新的演变。儒学正统地位虽然受到一定的削弱，但也藉此纳入更多有益的思想，观念上趋于开放，使得这个价值体系更有活力。唐之时，长期浸润于儒学的士大夫阶层在儒释道三派融合基础上复兴儒学，对儒家核心价值观进行新的论证，重新整合儒释道三家思想精华，形成“三教合一”的儒学复兴运动，为宋明理学的兴起奠定基础。

第三个阶段，“三教合一”基础上形成宋明理学及其以后的历史时期。儒释道三派思想的融合，形成了宋明理学的思想体系。此时的思想体系论证精密，更重思辨，有别于董仲舒的神秘主义的思想体系。宋明理学的价值观念在人们意识领域逐渐强化为“普及的宗教”。蔡元培先生对此有如下论证，“自汉武帝以后，儒教虽具有国教之仪式及性质，而与社会心理尚无致密之关系”，但在宋明理学勃兴之后，“理学之儒辈出，讲学授徒，几遍中国”，理学深入到“日用常行之私德”，自行躬行成为社会当中的道德规范。同时，“政府又专以经义贡士”，以朱熹所注“四书”为读本考试取士。无论是在国家的法令政策之中，还是教育教化活动之中，无不以儒家四书思想来贯彻与教化。如此一来，“十室之邑，三家之村”，均以四书为读书之要。儒家思想实现自上而下的教化之功,“非至顽悍者,不敢与之悖,或阴违之而阳从之,或不能以之律己,而亦能以之绳人”,宋明理学之功因此彰显出来,宋明理学被确立为“普及之宗教”。[1] 这一阶段儒家思想的发展也是儒学普及的阶段,儒家的价值观念深入普通的生活,儒家所倡导的道德规范成为民众日用常行的私德,正是教化“切于人伦日用”之功。

从儒家价值体系的历史发展可以看出,儒家思想从学术体系到意识形态的演变,及其深入到民众的日常生活,虽然经历多元价值观的对立与冲突,但其演变的轴心始终围绕着儒学的核心价值观,并未偏离。儒学在理论层面确立为传统社会的价值观,实现了儒家思想对传统社会秩序稳定的重大作用。

① 蔡元培:《大家国学·蔡元培卷》,天津:天津人民出版社 2008 年版,第 82 页。

第二章

人伦与规范：传统蒙书中的道德养成

“蒙书”是我国传统启蒙教育中进行道德教化的重要载体，它主要以未成年人（十五岁以下）为教化对象，进行以“明人伦”为核心的道德规范教育。在以“蒙学”为载体的道德教化中，传统宗法社会所倡导的价值观内含其中，虽未明确提出，但以默认的前提隐而不彰，散见于对童蒙教育的各个环节。“明人伦”旨在教导童蒙对差序格局的认知，礼仪规范的习得是对“礼”所倡导之秩序的遵从，“圣贤”是童蒙道德养成的目标，“诗教”与“乐教”则是道德教化展开的重要方式。道德养成以详细具体的行为规范成之。通过从小处、从细处着手，养成童蒙的道德品质。

“一阵乌鸦噪晚风，诸生齐放好喉咙。赵钱孙李周吴郑，天地玄黄宇宙洪。《三字经》完翻《鉴略》，《千家诗》毕念《神童》。其中有个聪明者，一目十行读《大》《中》”①。这首诗描述的读书场景正是儒家教化实施过程的真实写照。启蒙教育以儒家经典为核心，向童蒙传授人文知识，进行伦理纲常教化。梁漱溟认为，中国人偏重于孝悌礼义的教育，而西方人则更偏重于自然科学的教育。② 在

① 转引自林治金主编：《中国小学语文教学史·序》，济南：山东教育出版社 1996 年版，第 2 页。

② 朱永康：《中外学校道德教育比较研究》，福州：福建教育出版社 1998 年版，第 340 页。

传统启蒙教育活动中，中国历来注重对童蒙进行人伦道德的教育，以尚德为启蒙教育的核心。蒙学教化和传统文化息息相关，二者紧密相依，因此人伦道德在我国传统启蒙教育中是核心内容。启蒙教育的核心就是伦理教育，知识的传授与培养倒在其次，所谓“有余力，则学文”，正是如此。由此可见，我国古代的童蒙教育以帮助幼童养成圣贤人格为教育宗旨，力求培养童蒙知情意行之能力。

第一节　人伦规范的养成

与向往来世的宗教学说相比，儒家学说更关注经验世界的人伦规范，强调社会生活中的伦理和道德。道德至上是我国传统文化最基本的特征，因此在我国传统社会中，人们通常会以道德为标准对人对事进行评价。在传统社会中，所学即是“学为人”，成为有德之人，正如陆象山先生所云“今所学果为何事？人生天地间，为人当尽人道，学者所以为学，学为人而已，非有为也”（《陆九渊集》卷三十五）。启蒙教育的任务就是让童蒙知晓生而为人，要尽“人道”，“人道”就是人伦日常，就是切于日用的人伦规范。伦理道德教育是我国传统社会中童蒙教育的核心，而“明人伦”则是伦理教育中的首要问题。

一、“明人伦”：道德养成的核心内容

“明人伦”是道德教化的目的，也是道德养成的核心。孟子云“夏曰校，殷曰序，周曰庠。学则三代共之，皆所以明人伦也”（《孟子·滕文公上》），早在我国夏商周时期，所有学校的教育目的都是

为了使学生“明人伦”。“人之有道也，饱食暖衣，逸居而无教，则近于禽兽。圣人有忧之，使契为司徒，教以人伦”（《孟子·滕文公上》），孟子在解释明人伦时，认为“明人伦”就是在为社会培养懂道德、明事理之人。人伦作为道德规范的首要问题，使人区别于禽兽，人如果不接受人伦道德的教育，则与禽兽无异。就“明人伦”的道德功能来讲，一方面是人伦规定了人之所以为人的道德规范；另一方面是人伦教育也可以帮助人逐渐养成道德自觉。儒学强调名分，要求人必须严格遵守君臣上下的等级秩序，做符合名分之事，言符合名分之言。“君子素其位而行，不愿乎其外。素富贵，行乎富贵；素贫贱，行乎贫贱；素夷狄，行乎夷狄；素患难，行乎患难。君子无入而不自得焉”（《中庸》），在其位尽力做好本分之事，不必外求诸多与之无关之事，即说明了君子所言所行应合乎其名分，藉其名分以行事。

“人伦”即是“人道”，是传统社会当中基本的人伦关系，也是制约和约束人与人之间基本关系的道德规范。《尚书·舜典》记载舜有感于“百姓不亲，五品不逊”，使契为司徒，“汝作司徒，敬敷五教”，所谓“五教”即“父义、母慈、兄义、弟恭、子孝”（《左传·文公十八年》）。此时以“五教”名之，所规定的道德规范是针对人伦关系中的某一个体，并不是后世的“五伦”纲常。“人伦”之说则是由孟子明确提出。孟子认为人与人之间的基本关系由人伦所约束，人伦正是对人的行为加以约束的道德规范。因此，孟子在理解“五伦”时，赋予了“五伦”以道德规范之义，“父子有亲，君臣有义，夫妇有别，长幼有序，朋友有信”。孟子在“五教”基础之上提出的“五伦”，范围更广，伦理关系的内容更多，既包括家庭关系内的三种伦理关系，也包括朋友伦理以及由家而国的君臣伦理。在孟子的“五伦”之前，《礼记·祭统》提到鬼神、君臣、父子、贵贱、亲疏、爵赏、夫妇、政事、长幼、上下等十伦，但“十伦”显然与“五伦”存在本质区别，“十伦”纯粹是十种关系，并非是人伦纲常。在儒家的各类经典中，对“五伦”道德规范的解释略有不同。《大学》指出，“为人君，止于仁；为人臣，止于敬；为人子，止于孝；为人父，止于慈；与人交，止于信”。后世儒者将孟子提出的“五伦”学说视为定论。在《礼记·丧服小纪》中记载，“亲亲、尊尊、长长，男女有别，人道之大者也”，正是提出“明人伦”的主旨所在。

“伦重在分别”，别的是“父子、远近、亲疏”，“明人伦”要求人们建立一个分尊卑上下等级的社会秩序。宗法家族是传统社会中的核心，因此在我国古代传统社会的五伦关系中，每一伦的关系都与宗法家族息息相关。差序格局是伦理关系的特征，“伦”即是差等次序。费孝通说：“我们儒家最考究的是人伦，伦是什么呢？我的解释就是从自己推出去的和自己发生社会关系的那一群人里所发生的一轮轮波纹的差序”[①]。“推”之一字是差序格局中最重要的作用逻辑，通过以“己”为中心，外推“己”与“群”等各种关系，就能够推己及人、推己至家国天下，做到人同此心。

“五伦”关系的确定，奠定了传统社会基本的人伦关系。围绕着“五伦”关系，经学大儒董仲舒进行了价值观的理论建构，提炼出“三纲”之说。所谓“三纲”，即“君为臣纲，父为子纲，夫为妻纲”，其实就是把“五伦”之中的三种伦常关系绝对化，使一方绝对服从于另一方。“三纲”逐渐成为封建统治阶级统治社会的重要工具，对后世的影响不可谓不大。在《五伦关系的新探讨》中，贺自昭曾说“以常德为准而竭尽片面之爱或片面的义务”，道尽了三纲的本质。[②] 在“三伦”即父子关系、夫妇关系、君臣关系中，对伦理双方都有一定的道德规范要求，在父子伦理关系中，伦理要求即是父慈而

① 费孝通：《乡土中国》，北京：人民出版社 2008 年版，第 30 页。
② 韦政通：《伦理思想的突破》，北京：中国人民大学出版社 2005 年版，第 12 页。

子孝;在君臣伦理关系中,道德规范表现为君礼而臣忠;夫妇伦理关系中,道德规范表现为夫妻和睦相敬如宾。“三伦”确定为三纲之后,那么原来的父子之间、君臣之间和夫妇之间相对温情的伦理关系荡然无存,从而成为了一种绝对服从的纲常,服从于权威、纲纪及名分。绝对服从强调的是一方对另一方的绝对恭顺。“臣事君,子事父,妻事夫,三者顺则天下治,三者逆则天下乱”(《韩非子·忠孝》),“顺”是绝对服从的表现,同时也直接与国家兴亡息息相关。

明人伦与道德修养关系密切。“圣人”作为儒家的理想人格,其极致就是明人伦。二程说:“圣人,人伦之至”(《外书》卷二,《二程集》),“大抵尽人道者,即是圣人”(《遗书》卷一八,《二程集》)。由此看来,学习的最终目的就是不断修身成圣,学而成圣也正是我国传统社会进行道德教化的目的。

在蒙学典籍中,“明人伦”也是最重要的教育任务之一。朱熹曾言,“后生初学,且看《小学》之书,那个是做人的样子”,《小学》认为明伦和敬身是教育的重心。作为我国古代最重要的教育学家之一,朱熹多次强调在对童蒙进行教育时道德教育的重要性。他编列立教、明伦、敬身和稽古四卷,旨在全面阐释“明伦”的重要性。“立教”的目的在“明伦”,“明伦”之要在“敬身”,稽古则是“摭往行,实前言,使读者有所兴起”。[①] 父子之亲,君臣之义,夫妇之别,长幼之序,朋友之交,即是“明伦”卷中的主要内容,朱熹在《小学》中也提出了对童蒙进行“明伦”教育详细且具体的内容和要求。通过如下分析,可进一步知悉人伦教育中的规范与标准。

① 朱杰人:《朱子全书》(第13册),上海:上海古籍出版社、合肥:安徽教育出版社2002年版,第489页。

第一，“明人伦”突出五伦三纲的重要性。儿童是蒙学教育的对象，教育中的理论知识要浅显易懂，这样才会被儿童了解。一般而言，选择蒙学典籍的标准既要符合儿童的年龄特征也要符合儿童的智力发展水平。启蒙教育阶段只需要让儿童知道事情的过程，而不必拘泥于让儿童理解为何这样做。正因如此，在人伦教育方面，只需要让儿童明白五伦的概念和伦常的意义所在即可。如《幼学琼林》提出：“何谓五伦：君臣、父子、兄弟、朋友、夫妇。”《重订三字经》中简化表述为“五伦者，始夫妇，父子先，君臣后”，对“五伦”的先后次序做出了规定。在蒙学读物中也会出现对“三纲五常”的简短表述，如《三字经》中“三纲者，君臣义，父子亲，夫妇顺，……曰仁义，礼智信，此五常，不容紊”；“父子恩，夫妇从，兄则友，弟则恭，长幼序，友与朋，君则敬，臣则忠。此十义[①]，人所同。”同样，在《千字文》中有“盖此身发，四大五常”的类似表达。

蒙学强调通过“明人伦”教导童蒙，这主要受传统社会宗法结构的影响，另外也与小学教育和大学教育相互衔接息息相关。崇尚科举的封建社会时期，小学教育是为了将来能够通过科举考试，为统治阶层培育知识群体。童蒙教育期间，借助“教之以事”，让儿童能够按照这样的方式去践履，为社会培养“圣贤之人”的“坯璞”，从而能够“大学去穷究那理”。小学教育过程中，“小学存养已熟，根基已深厚，到大学，只就上面点化出些精彩来”[②]。

第二，“明人伦”明确详细具体的道德养成规范。因其对象为童蒙，因此蒙学读物把人伦道德具体化为行为规范，以详细具体的道德规范告诉儿童如何孝敬父母、忠于君上及尊重兄长。五伦的先后次序，《中庸》指出五伦中以夫妇一伦为首，即“君子之道，造端

① “十义”是指儒家所宣扬的十种伦理道德，《礼记·礼运》说：“父慈，子孝；兄良，弟弟(悌)；夫义，妇听；长惠，幼顺；君仁，臣忠。十者谓之人义。”

② 黎靖德：《朱子语类》(卷一)，北京：中华书局1994年版，第125页。

于夫妇”。但若以传统的道德德目进行分析，“孝”虽然不在“五常”之内，却确是传统社会重要的德目。“孝”的起点是在家庭，而后又扩展到国家，可以“移孝作忠”，后世多忠孝并举。所以在论述五伦之时，后世儒家学者往往以父子一伦开始说起。

父子之亲讲究父慈子孝，父子之间有着基于血缘关系的爱，父亲负有养育子女的责任。父慈的具体表现应该是“爱、养、教”。父亲应该是对子女教导并将其养育成人，这一点从《三字经》的“养不教，父之过”便可以体现出来，父亲应该教育子女，若只是养而不教，则是作为父亲的失职。子女以尽孝为前提，作为子女的首要德行便是孝。“首孝弟(悌)，次见闻”，“孝于亲，所当执”(《三字经》)；“孝弟(悌)为先务，本立而道生”，“万恶淫为首，百善孝为先”，“孝当竭力，非徒养身。鸦有反哺之孝，羊知跪乳之恩”(《重订增广贤文》)，诸如此类的蒙学读本详细地阐述了儿童在平时生活中怎样尽孝。比如对于女子来说，在家要孝敬父母，出嫁后要孝敬公婆。《女儿经》和《改良女儿经》中均详细阐述了妇德，指出女子要无条件地遵守这些规范。《二十四孝》则是将前人孝敬父母的例子归纳在一起，指导儿童应该怎样孝敬双亲，比如黄香温席、王祥卧冰求鲤等都是典例。

孝、敬、顺息息相关。孝不仅仅是尽“孝”于双亲，同时还需要“敬”双亲，这一“敬”字，将人和犬马等动物区别开来，“至于犬马，皆能有养。不敬，何以别乎?”(《论语·为政》)人之所以为人，就是因为人有道德，这是人与禽兽最本质的区别，也是儒学的立足点。仁义礼智是人的道德，所以孔子在解答子夏问“何为孝”时回答“孝”即是“色难”，意思是说孝敬双亲需要心怀恭敬。孝是基本的道德，人孝敬父母，别于犬马。“敬”便是无违，即顺从父母的要求与意愿，因此孝与顺并列，顺也即是孝。假如违背父母，在传统社会中这样的人即被视为“逆子”，“忤逆”长辈是重罪，列入《开皇律》

等律法之中。《论语》中强调的“父在观其志，父没观其行，三年无改于父之道，可谓孝矣”即是对“孝”行的具体表达。

孝始于事亲，“中于事君”，以孝的心态和行动对待君主，便是忠。《小学·明伦第二》中，指出君主和臣子之间要讲究“义”，即君主要以礼对待臣子，臣子尽忠于君主。另外朱熹也指出，臣子应该以道为君主服务，假如君主的行为没有遵从道义，则臣子应该积极谏言，这也是尽忠的具体行为。蒙学在培养儿童忠孝意识方面，主要是反复强调忠孝的重要性，常见言论包括“慷慨丈夫志，生当忠孝门”(《神童诗》)、“资父事君，曰严与敬，孝当竭力，忠则尽命”(《千字文》)等，另外朱熹编写的《小学》，详细列示了童蒙在适公所、入公门、御食于君过程中的言行举止。

夫妇之间讲究“有别”。朱熹认为男女有别意义重大。男女之间若无“别”，则近于禽兽。通过男女有别，父子有亲，而后礼义生，万物各得其分，“男女有别，然后父子亲；父子亲，然后义生；义生，然后礼作；礼作，然后万物安”(《小学·明伦第二》)。夫妇之间的“有别”表现为，丈夫负责处理家庭外部的事宜，妻子负责家庭中的相关事宜。《礼记·内则》记载：礼，始于谨夫妇。为宫室，辨内外。男子居外，女子居内。基于性别差异的男女有别成为行为规范，后来逐渐形成了男主外女主内的家庭模式。《小学诗礼》中便提到了“男女有别”有关规定，比如“男正位乎外，女正位乎内”、“男不言内事，女不言外事”等，指出男女所负责的事情不一样，彼此不得干涉。在这里应该注意的是，丈夫和妻子之间的差别，在封建社会的等级秩序之下，更强调的是妻子所遵守的道德规范，比如“三从四德”等。《闺训千字文》指出“一切女子，都要懂得大道理，处世温婉尔雅，遵守四德三从。”另外还有《女儿经》与《女小儿语》通过“习女德、修女容、谨女言、勤女工”等要求，详细阐述了妇女在日常生活中应该遵守的规则，此乃“三从四德”的具体阐述。封建社会男女地位不平等是不可否认的事实，因此丈夫和妻子之间的地位也是失衡的。《千字文》中强调“女慕贞洁，男效才良”，要求妇女需要有着极强的贞操观念。宋代儒学提出“存天理，灭人欲”的道德规范，对于妇女的要求更加严格。《小学诗礼》中“妇人不二斩[①]，烈女不二夫。一与之齐者，终身不改乎”的论述，是专门针对女子的道德要求。《女儿经》与《改良女儿经》中也提到对妇女的道德教育，如“莫与男人同席坐”、“夫无嗣，劝娶妾，继宗祀，最为切”、“不配二夫烈女名”、“遵三从，行四德，习礼仪，难尽说”，这些言论都是男女有别的具体表现。

兄弟之间讲究长幼有序，即让童蒙知道尊卑和长幼的分别。封建社会有着严格的宗法等级制度，不同层级的人遵守相应的秩序规范，不可僭越。其中“长”，既包括父兄又涵盖长者与尊者。孟子认为，童蒙在幼年时应该孝敬尊爱自己的亲人，成年之后则应该尊敬比自己年龄大的长者。很多蒙学典籍也强调了这一点。比如《三字经》中“融四岁，能让梨，弟于长，宜先知”这一典故，即是要求儿童要尊敬长者。《幼学琼林》和《颜氏家训》设置了具体的章节，告诫童蒙应该怎样践行“兄弟”之间的道德规范。《重订增广贤文》告诫童蒙“长幼内外，宜法肃词言”；《千字文》则提出“乐殊贵贱，礼别尊卑”，诸如此类的言论均是对“长幼有序”的强调。童蒙如果能够做到不仅尊敬自己的兄长，同时还能将爱亲敬长的行为及于他人，便可生出“老吾老以及人之老”的良好品质。

曾子曰：“君子以文会友，以友辅仁。”孟子曰：“责善，朋友之道也。”(《小学・明伦第二》)“责善”是朋友之间应当首先遵循的道德准则。《千字文》中“交友投分，切磨箴规”，《幼学琼林》中“取善辅仁，皆资朋友”等等言论，大都是强调友人之间的相互督促和相互

① 古时妇女不两次穿戴为夫守丧的丧服、丧物，即好女不事二夫。

扶持之意。好的朋友和坏的朋友对于自身的影响存在很大差别。孔子曾言："友直，友谅，友多闻，益矣。友便辟，友善柔，友便佞，损矣"(《论语·季氏》)。益者三友能够提升自身修养，与之相反，损者三友不利于自身修养与道德品质的提升。所以，结交朋友应该谨慎对待，而对于所结交认识的朋友，要以信任仁义的方式处之。朋友之间贵在"诚信"，对朋友的承诺要履行。《千字文》中"信使可覆，器欲难量"等，也明确了"信"的道德标准。《重订增广贤文》中"许人一物，千金不移。一言既出，驷马难追"、"人而无信，百事皆虚"等都重点强调了"诚信"的重要性。

反复强调五伦的意义，对童蒙的言行举止做出具体的要求，最终目的在于强化君父夫的权威，形成绝对权威。董仲舒论证"王道之三纲，可求于天。天出阳，为暖以生之；地出阴，为清以成之"(《春秋繁露·基义》)，把君父夫的权威诉诸于天。直到宋代儒学时期，这样的神学论证已经无法使人们信服。朱熹基于此，又提出了一个更系统化的理论体系，他以"天理"来论证"人伦"的合理性。朱熹言"致广大而尽精微"、"极高明而道中庸"，以广大高明的"天理"来论证"人伦"有其形而上的理论基础，从而也就为"人伦"寻找到了外在力量。孟子也曾经提出"易子而教"的思想以此来维护父亲的威严，这些思想都是为了强调父亲在家庭中的权威性。君父夫一旦确定了绝对权威，那么所有不遵从的行为都被归为不忠不孝的行为。比如"君让臣死，臣不得不死"，君主对臣子有着绝对的处置权力；同样，父亲对子女有着绝对的处置权力，丈夫对妻子也有着绝对的处置权力。传统社会中，随着时间的推移，对臣子、子女和妇人的束缚愈加严格，最后出现愚忠愚孝也就不足为怪。针对童蒙进行明人伦教育，可以教导童蒙以"礼"处理人际关系，养成对伦常名分的道德自觉。在差等次序的人伦关系中，"三纲"是其核心内容。在童蒙道德养成的过程中，"明人伦"是道德养成的核心与主要目标，强调“人伦”的重要性也是强调童蒙对伦理纲常“天秩天序”的遵从。童蒙时代打下坯璞，以为“成人”奠定基础。但是过度强调纲常伦理，违背了童蒙的天性，容易扼杀了童蒙的才智。

二、“知礼仪”：行为规范的日常训练

童蒙道德品质的养成，理应从小事开始。对童蒙的基本生活行为进行规范约束，尤其是年龄较小的儿童，更应该从细小的事情着手，规范其言行举止。传统社会对于童蒙的教育细微谨慎，给出具体详细的规范，以便落实到童蒙教育中。传统蒙学教育服务于封建社会的等级秩序，对童蒙的道德教育要具备适用性与可操作性，让童蒙在行为规范中养成对差等次序的遵从。蒙书主要通过儒家伦理道德约束规范童蒙言行，以故事典籍中的人物和行为指导儿童，具有较强的可行性，便于童蒙认识和实践。

小学阶段，童蒙重点学习的内容包括“洒扫、应对、进退之节，爱亲、敬长、隆师、亲友之道”。如朱熹在《童蒙须知》中要求，“夫童蒙之学，始于衣服、冠履，次及语言、步趋，次及洒扫、涓洁，次及读书、写文字及有杂细事宜，皆所当知”，就儿童的举止方面，要求童蒙必须做到：“凡著衣服，必先提整衿领，结两衽纽带，不可有缺落”“凡脱衣服，必齐整摺叠箱箧中，勿散乱顿放，则不为尘埃杂秽所污”。对童蒙的穿衣提出了细致入微的规定，生活中其他细节的要求也异常繁琐。语言举动方面，需要童蒙做到“语言详缓，不可高言喧哄，浮言戏笑。父兄长上，有所教督，但当低首听受，不可妄自议论”。即使自己的兄长父亲言行并不合理，也不可直接告知，在当时需要沉默，认为是兄长或者父亲一时大意才如此，或者没有考虑周全所致。洒扫涓洁的目的是培养童蒙养成清洁的行为习惯。朱熹认为对于童蒙而言，应该重点培养其学习的习惯，比如读书，

要声音洪亮，所读要和书中内容完全一致，不可多字亦不可少字，要反复诵读，从而朗朗上口，最终熟记在心。读书方面需要有着良好的行为习惯，另外还应该养成好的学习方式。朱熹强调，学习有三到，分别是心到、眼到和口到，他表示："三到之法，心到最急，心既到矣，眼口岂不到乎？"朱熹还规定了童蒙在饮酒、如厕、饮食、夜行等方面的细节。繁琐的生活细节要求，目的是培养童蒙尊师敬长、爱护器件、用心学习等良好品质。

明代屠羲英在《童子礼》中详细列举了儿童在家中应有的举止，包括盥栉、整服、叉手、肃揖、拜起、跪、立、坐等。《弟子职》则规定了学生对待老师应有的行为举止，比如受业、应客、馔馈、洒扫、执烛、退习等，都要有规矩。各种规定非常严格，到了严苛的地步，比如塾课方面，相关的典籍包括《家塾常仪》《塾中琐言》《变通小学义塾章程》等，规定非常繁琐且严密。清代崔学古在《幼训》一文中，单单针对童蒙的吃饭就做出了详细的要求——"毋先，毋后，毋择，毋翻，毋邻（谓取邻簋食也）"，吃饭不要翻动菜肴，不要挑拣，更不可越过别人去取旁人之餐。吃饭不可把筷子含在口中，不可伸出舌头接食物，要做到"嚼无声，咽无疾，啜无流"，吃完要把筷子收好，才可以起身。把抽象的道德说教和深奥的道德理论化为对行为的具体要求，这样易于童蒙效仿，也便于师长监督。但是，过于详细的要求，则不免显得繁琐呆板，在实际操作中不能灵活变通，这无疑会束缚儿童的个性。同时，具体行为规范即便罗列得非常详细，也难免会挂一漏万，不能道尽生活万象。"非知之实难，将在行之。"（《左传·昭公十年》）通过教育能够让儿童逐渐了解道德规范，但是知道并不代表能够做到，在日常生活中要想践行这些道德规范更是难上加难。《弟子规》告诫童蒙"不力行，但学文，长浮华，成何人"，就是要求童蒙不可浮华务虚，要亲身去实践和体悟学来的道德规范。《重订增广贤文》指出，"学不尚实行，马牛而襟裾"，如果不能把典籍中的伦理要求和道德规范践行，就如同给马牛穿上了人的衣服，依然不能成就自身德性，成为圣贤之人。所以传统蒙学非常重视对童蒙的礼仪教导，这有利于儿童形成良好的品德举止。

判断行为是否合理，需要依照一套完整的标准，这套标准便是儒家强调的“礼”。童蒙时期需要遵守的各种道德规范均来自于“礼”。在十三经中，就有三部专门研究礼的经书：《仪礼》《周礼》和《礼记》，通常称为《三礼》。其中，《仪礼》是对不同等级之间礼节、仪式的详细规定，《周礼》是对政治制度的设想和论述，《礼记》是对《仪礼》中礼节仪式进行理论和哲学方面的论证和阐发。《礼记·哀公问》有云：“民之所由生，礼为大。非礼无以节事天地之神也，非礼无以辨君臣、上下、长幼之位也，非礼无以别男女、父子、兄弟之亲，昏姻、疏数之交也”，这里就可以看出“礼”在中国古代儒学中的重要性。孔子提出的“仁”学，其实质也以礼为实现“仁”的前提。

以“礼”为核心的规范系统有两个层次：第一个层次是有关人伦整体得以协调的规范系统，可以看成是伦理规范系统，这是广义的“礼”；第二个层次是关于个体品德要求的规范系统，这是道德规范系统，是狭义的“礼”。[①] 伦理规范侧重于协调人伦关系，是等级秩序的化身，强调“亲亲”和“尊尊”，指出不同等级之间有着尊卑和亲疏的关系。道德规范侧重于个人品德的修养和德性的提高，属于个人“私德”范畴，其要求是克己和内省。一般而言，“礼”具体体现为两个方面，分别是道德规范和政治制度：一方面，“礼”强调的是个人修养品行；另一方面，“礼”成为治理国家的手段。《礼记·礼运》中的“是故礼者，君之大柄也，所以别嫌，明微，傧鬼神，考制

① 罗国杰主编：《中国伦理思想史》(上卷)，北京：中国人民大学出版社 2008 年版，第 267 页。

度，别仁义，所以治政安君也"，提到君主统治的主要手段就是礼，"因人之情而为之节文，以为民坊者也"（《礼记・坊记》）。"礼"能够被古人所看重，主要根源在于礼是维护等级制度的主要手段。"礼"对于规范人的言行举止以及在齐家治国上发挥着关键的作用，所以儒家学者给出了详细的礼制，对人的思想言行等进行规范约束。孔子将毕生的精力都放在"克己复礼"上，希望整个社会遵守周礼，发挥周礼的作用。孔子认为礼是形式，礼的内容源自于仁，所以他强调："礼，与其奢也，宁俭；丧，与其易也，宁戚。"（《论语・八佾》）礼需要和具体的道德内容有机结合在一起，才能够发挥应有的作用。荀子也对"礼"进行了详细介绍，他通过《礼论》这一篇章，全面阐述在治理国家方面"礼"的功能。"礼"的功能体现为两种，分别是"别"和"养"。所谓"别"即是区分社会中人的贵贱等级地位，"曷为别？曰：贵贱有等，长幼有差，贫富轻重皆有称者也"（《荀子・礼论》）。所谓"养"，就是在"别"的基础上，每个人按照自己等级和地位从事劳动的同时，获得适当的物质满足，即是"养人之欲，给人之求，使欲必不穷乎物，物必不屈于欲，两者相持而长"（《荀子・礼论》）。

强调对童蒙进行礼仪规范教育，一方面是培养了良好的道德意识和道德行为，把道德规范化为了童蒙生活中的人伦日用；另一方面是晓谕童蒙对亲疏尊卑等级秩序的初步认知，为日后做事修为不越名位打下基础。儿时培养的习惯在人的一生中都有着无法抹去的痕迹，陶行知先生曾说："人格教育，端赖六岁以前之培养。凡人生态度、习惯、倾向，皆可在幼稚时代立一适当基础。"①传统蒙学的礼仪规范教育其意也正是如此。

① 姜文淑，钟立德，吴先正主编：《陶行知论德育》，成都：四川教育出版社 1992 年版，第 104 页。

第二节 理想人格：圣与贤

理想人格所关注的问题是道德养成的目标问题，即我们要培养什么人的问题。这是任何时代教育活动都要关注的问题，因为它涉及到的根本问题是社会需要什么样的人的问题。启蒙教育中的道德养成，其主旨和目标正是培养什么样的人。在朱熹《小学》中，他明确指出“小学”阶段是在打圣贤“坯璞”。《弟子规》同样把圣贤作为道德教化的目标，“圣与贤，可驯致”，圣贤的道德人格是可以通过道德教化得以实现。圣贤作为理想人格的高标，其实是在为童蒙设立一个价值预设，作为追求的理想。在诸多启蒙读物中，我们也不难发现，君子的理想人格虽未明言，但实质内容确实在培养君子人格。君子人格是“文质彬彬”的内外兼修，正所谓孝悌爱众亲仁，余力学文，道德德性的习得与知识技能的培养正是君子品格的内涵。

张岱年认为“重人生不重知论”是中国哲学的一大特色：“中国哲人，因思想理论以生活实践为依归，所以特别注重人生实相之探求，生活准则之论究。”[①]梁漱溟从中西文化的比较当中论述中国文化重心向内。西方文化重心向外，中国文化则刚好相反，是以己为中心，讲求的是个人道德境界，强调的是个人的修养与品质。所谓理想人格，实质上就是从道德层面上所要实现的一种终极追求，而“圣人”“君子”等称谓，正是对传统文化当中理想人格的具体表达。

无论是道德教育还是道德修养所要实现的目的，都是要使人

① 张岱年：《中国哲学大纲》，南京：江苏教育出版社 2005 年版，序论第 9 页。

能够形成一种理想人格。就理想人格本身而言，主要的意义在于设定一个人格的理想标准，使之成为人们实现一种价值理想与人生追求的动力。以孔孟为代表的儒家思想，成为我国主流的价值观，主导人们的价值选择和理想设定。对于理想人格，在儒家思想的论述中，比较具体的形态，如圣人、圣贤、君子、大丈夫、大儒等，尽管在称谓上有所差别，而究其实质和内涵而言，大同小异，有着相通的内涵与品质。总而言之，儒家对于理想人格的价值预设，主要表现形态为圣人与君子，对后世的影响也比较大。

一、圣贤：理想人格的价值预设

从儒家典籍中不难发现，处于最高层级的道德人格就是“圣人”。孔子曾表示，并非人人都能够达到或是触及圣人这一境界，即便是孔子自己，也从不自诩为“圣人”，“若圣与仁，则吾岂敢？”（《论语·述而》）孔子自认并未达到圣人的标准，圣人则是后世对孔子的尊称。至于圣人的品格，孔子认为应该是能够做到“博施于民而能济众”，因而在孔子的心中，只有尧舜这样的人才具备被称为“圣人”的资格。至于圣人的标准，孔子并没有具体确切的论述。《左传》中提出圣人的评价标准是“三不朽”，即“太上有立德，其次有立功，其次有立言，虽久不废，此之谓不朽”（《左传·襄公二十四年》）。《左传》对于圣人品行的界定，秉承的是“立德”“立功”“立言”，孔子对这一标准持赞同态度。孔子眼中的圣人，非君即相，尧舜禹汤文武周公等，这些人可谓德才兼修、济世利民。在《论语·公冶长》中记载孔子的个人之志，即“老者安之，朋友信之，少者怀之”，从中不难看出，他将个人的志向与社会与政治紧密相连，这也正是他认可的理想人格。对于圣人，孔子认为这是一种近乎于完美的理想人格，圣人的一言一行都是值得世人效法，是一种道德的高标，即便不能至，也要“心向往之”。从某种程度上讲，对于圣人人格的追求比成为圣人所具有的意义更为深远。“贤人”是仅次于“圣人”的理想人格，贤人同样需要德才兼备。孔子曾评价颜回“贤哉回也”，称许颜回身上所具有的人格操守。颜回即便身处困境（一箪食一瓢饮，居陋巷），却毫无功利之心，而是安贫乐道，操守如一。孔子教诲学生“见贤思齐焉，见不贤而内自省也”（《论语·里仁》），意在教导自己的学生效慕圣贤。作为理想人格的“贤人”通常不是单独出现，而是显现为“圣贤”的形式。在宋明理学家那里，通常所研究与探讨的就是“圣贤气象”“孔颜乐处”。

相较于孔子眼中圣人的可望不可及，孟子对圣人做了另一番注解。孟子认为圣人与普通人一样，二者之间并没有很大差别，“圣人之于民，亦同类也”（《孟子·公孙丑》），“故凡同类者，举相似也，何独于人而疑之？圣人与我同类者”（《孟子·告子上》）。成为圣人是人们不断追求的终极目标，但是圣人也属于现实社会中的一员，与“民”同类，与“我”同类。所以，即便是现实中作为普通人的我，与圣人之间并非遥不可及。孟子的这种观点表明，尧舜禹是圣人，但普通人也可以成为圣人，二者之间并没有实质性的区别。曹交问曰：“人皆可以为尧舜，有诸?”孟子曰：“然。”（《孟子·告子下》）孟子使圣人和众人之间的隔阂被打破，同时也使圣人的范围得到了进一步的延伸。[①] 是否能够成为圣人，其中最为重要的是个人是否拥有高度的自觉性，并将这种自觉性以行动的方式反映出来，即要有“为”。“舜何人也，予何人也，有为者亦若是”（《孟子·滕文公上》）。孟子提出的圣人观点，弱化了圣人理想超越现实的崇高性，使人们对于圣人的理解更加朴实，但这种接近现实人伦的

① 《孟子·万章》：“伯夷，圣之清者也；伊尹，圣之任者也；柳下惠，圣之和者也；孔子圣之时者也。孔子之谓集大成。”

理想人格无疑更能激励人们实现道德升华，对后世在成就理想人格方面的影响可谓深远。

荀子论述理想人格时，主要区分了三类，即士、君子、圣人。在三种理想人格中，士是处于最低层的人格，圣人则为最高层的理想人格。通过对《荀子》中相关论述的整理，发现荀子对道德人格的论述主要集中在三处，即：

好法而行，士也；笃志而体，君子也；齐明而不竭，圣人也。（《荀子·修身》）

彼学者：行之，曰士也；敦慕焉，君子也；知之，圣人也。上为圣人，下为士君子。（《荀子·儒效》）

学者以圣王为师，案以圣王之制为法，法其法以求其统类，以务象效其人。向是而务，士也；类是而几，君子也；知之，圣人也。（《荀子·解蔽》）

从上述引文中，我们可以看到荀子主张的是外在事功。他率先提出了“圣王”一词，这在《论语》与《孟子》中都是未曾提及，但《荀子》中却有大量的论述。荀子的观点是，所谓圣人，应为“道之极”，即“尽伦尽制”。荀子在《儒效》中讲“圣也者，尽伦者也；王也者，尽制者也。两尽者，是以为天下极矣”。“尽伦”为“极道”，是一种内在修为；尽制则为“极事”，是一种外在的作为。只有兼具“极道”和“极事”，才有资格被称作“圣王”，也就是“尊圣者王”（《荀子·君道》）。至于这两个方面，荀子有所侧重，他更加注重的是“极事”，也就是人之事功，这也是他著作中多以“圣王”对“圣人”进行替代的原因。

在宋明之际，“圣人”则被称为“圣贤气象”与“醇儒”。“圣贤气象”由二程提出，“醇儒”则是由朱熹提出。所谓“圣贤气象”，其意所表达的是，尽管人格是一个人内在的修养，但是无论这种修养如何，都可以将其表现于外，并相应形成一种气氛，也就是“气象”。

二程说：

> 仲尼，天地也；颜子，和风庆云也；孟子，泰山岩岩之气象也。（《遗书》卷五，《二程集》）
>
> 学者不学圣人则已，欲学之，须是熟玩圣人气象，不可止于名上理会。如是，只是讲论文字。（《程氏外书》卷十，《二程集》）

圣贤气象会有不同表现，并不只局限于名称。如孔子曰：“盍各言其志。”而由曰：“愿车马，衣轻裘，与朋友共，敝之而无憾。”颜子曰：“愿无伐善，无施劳。”孔子曰：“老者安之，朋友信之，少者怀之。”“学者须要理会圣贤气象。”（《遗书》卷二十二上，《程氏外书》卷十，《二程集》）

成就二程的“圣贤气象”，需要一个前提，那就是“识仁”。“仁者，浑然与物同体”，要“诚敬存之”，这即是讲圣贤要天人合一；再者圣贤要体认“孔颜乐处”，“寻颜子、仲尼乐处，所乐何事”。此乐与境界密切相关。冯友兰曾对人生的境界进行过划分，其划分的依据是对事物“觉解”的程度。按照“觉解”的程度的高低，可以划分出四个境界，即自然境界、功利境界、道德境界、天地境界。世界本身会对人产生意义或影响，不同的意义或影响自然而然会形成相对应的境界。自然境界和功利境界是相对低级的境界，道德境界和天地境界则是高级的境界，能够达到后两个境界的人即为“圣贤”之人。

不管是孔子、孟子还是荀子，在先秦儒家思想体系中，“内圣”

和“外王”本身就是统一。但到了宋明时期，“内圣”则是高于“外王”的存在，“孔子内圣外王精神，庄子犹能识之，至宋明诸师，而外王之学遂废”(《十力语要》卷一)。在宋明理学的体系中，外王之学逐渐废弃，内省修身方是理学家的学术宗旨。“圣贤千言万语，只是欲人将已放之心，约之使反，复入身来，自能寻向上去，下学而上达也”(《遗书》卷一)。“向内便是入圣贤之域，向外便是趋不肖之途”(《朱子语类》卷一百一十九)。“精神全要在内，不要在外，若在外，一生无是处”(《陆九渊集》卷三十五，《语录下》)。至此程朱陆王均以“内圣”之学为旨归。正是由于存在如此之转变，圣人可以说被“束之高阁”，逐渐成为人们“虚玄的理想”，对于圣人人格，也只可以在“先王存于世”的情况下才能够进行设定。在儒家的主张中，“圣人”人格之外另设有君子，而君子则是众人可以凭借自身努力能够实现的理想人格，也是具有现实意义和价值的人格设定。

二、君子:“仁智勇”的人格养成

在儒家的人格称谓中，出现频率最高的词汇是“君子”，《论语》《孟子》《易传》中的“君子”分别出现了 107 次、82 次和 84 次。“君子”在春秋以前是贵族的通称，“止谓在官长者”。春秋以后特别是经孔子的阐发，君子才逐渐定型为儒家崇尚的道德人格，用来指称那些有仁德讲道义的人。

孔子曾言：“圣人，吾不得而见之矣；得见君子者，斯可矣”(《论语·述而》)。孔子认为，圣人人格难以企及，但君子是众人可为，人人都可以成长为具有道德的人。《论语》中六十个多章节的内容均提及到君子。孔子教书育人的重点就是培养具有道德人格的人，这也是孔子授徒施教的目标。“仁”在儒家学说中既是社会的政治理想，同时也是理想人格的核心内容。君子志在“求仁”，“仁”是每一个品行端正的君子所求，也是成就道德境界的应有之义。因此，君子也就是仁者，君子之道也就是仁道。孔子曾说“君子道者三，我无能焉：仁者不忧，知者不惑，勇者不惧”(《论语·宪问》)，孔子从仁、知、勇这三个层面出发探讨一个人可以成其德，逐渐成长为君子的方法。君子只有从仁、知、勇这三个方面出发，才能实现“天下之达德也”，成就道德人格。孟子与荀子在其学说中有关君子道德品格的论述，尽管并未详尽阐述仁智勇“三达德”，但也不离其意。

在儒家学说中，为了进一步突出君子道德的崇高性，通常会对比君子和小人，体现出个体道德的严肃性。《论语》中随处可见论述君子和小人界限的言论，例如《里仁》篇中就有“君子怀德，小人怀土；君子怀刑，小人怀惠”、“君子喻于义，小人喻于利”、“君子和而不同，小人同而不和”等。此类论述君子和小人界限的言论比比皆是，不仅仅是《论语》，在《大学》《中庸》等篇章中也多次出现。孔子与孟子是从义利观出发探讨君子和小人的区别。与之不同的是，荀子不仅仅探讨了君子与小人在义利观上的不同，同时也探讨了君子与小人在荣辱观上存在的区别。“先义后利者荣，先利后义者辱”(《荀子·荣辱》)，“先义”还是“先利”是君子与小人的区别，同时也事关个人的荣辱。荀子认为履行礼义是君子发自内心自觉地履行自己应尽的道德义务，与之相反，小人多反其道而行之，常常做出违反礼义的行为，因此“为君子则常安荣矣，为小人则常危辱矣”(《荀子·儒效》)。

虽然在先秦儒家那里，君子和小人有事实判断和价值判断的双重含义，但是显而易见的是价值判断是主流，即君子小人主要是针对是否有道德而言的。

孟子继承孔子君子理想人格的思想，在此基础上，孟子又提出了大丈夫人格，虽与君子本质上有共通之处，但确实是与孔子所提出的君子人格多有不同。蔡元培在论述大丈夫人格和君子人格之间的差别时，曾经提到“孔子以君子代表实行道德之人格。孟子则又别以大丈夫代表之。其所谓大丈夫者，以浩然之气为本”[①]。从蔡元培的观点来看，孔子和孟子提出的人格有相同之处，但一个称之为君子人格，另一个称之为大丈夫人格，也证明这两种人格之间存在一定差异。孟子所提出的大丈夫人格更多地呈现出刚烈的阳刚之气，是对君子人格的扩充。孔子提出的君子强调的是“君子矜而不争”、“刚、毅、木、讷近仁”、“事父母几谏，志不同，又敬不违，劳而无怨”等，这样的君子温顺而内敛，谨慎而谦让，是温和厚道之人。大丈夫人格则“浩然之气”充塞天地之间，更多地呈现出君子之阳刚。

作为一种理想人格，君子有其品格。首先，君子当以德修身。君子若要成就功业，垂范于人，就要洁身自好，修身养心。即君子应有仁爱之心，具备基本的道德修养。“仁是理想的人道，做一个人须要能尽人道，尽人道即是仁”。[②] “仁”包括忠恕孝悌、克己复礼、爱人敬人诸如此类的美德，所以“仁”是道德德目的总称。孔子提出的“仁”代表的是“统摄诸德完成人格之名”。[③] “仁”是君子应具有的品格，失去了仁德的君子则不能称之为君子。孟子认为，君子的本性就是仁，仁义礼智根诸于心才可称为君子，“君子去仁，恶乎成名”（《论语・里仁》）。人之所以为人，是因为存在恻隐之心，若无恻隐之心，非人也，泯然于禽兽，所以孟子特别强调“人异于禽兽者几希”。儒家学说强调道德自觉，认为只有自觉自为养成仁德，方可被称为君子，“为仁由己，其由人乎哉”（《论语・颜渊》）。

---

① 蔡元培：《中国伦理学史》，北京：东方出版社 1996 年版，第 18 页。
② 胡适：《中国哲学史大纲》卷上，1987 年影印第 1 版，第 114 页。
③ 蔡元培：《中国伦理学史》，北京：东方出版社 1996 年版，第 11 页。

孔子一再强调，只有自觉自愿地养成良好的道德品质，提高自身德行，保持心态平和，不为炫耀，才是具备了君子的品格。

其次，君子要安贫乐道。“君子乐得其道，小人乐得其欲。以道制欲，则乐而不乱；以欲忘道，则惑而不乐”（《荀子·乐论》），荀子在探讨君子的人格时，简单地用“乐得其道”四个字概括。孔子早在《论语》中就提出了安贫乐道的理论。《论语·述而》篇有“曲肱饮水之乐”。孔子认为人必须以其道得之，在道义允许的情况下追求富贵，也只有在符合道义的情况下获得富与贵，人才能得到快乐。《论语·先进》篇“曾点有浴沂咏归之乐”，“浴乎沂，风乎舞雩，咏而归”，道出孔子心境，因此孔子称道“曾点之志”，言“吾与点也”。君子谋其道不谋其利，忧道而不忧贫，才拥有了高尚的人格情操。正因如此，孔子自认做到乐以忘忧所以不知老之将至。荀子阐发孔子的思想，提出“君子乐得其道”的说法。自周敦颐始，宋代的理学家们始终致力于探讨孔颜乐处，“乐在何处”，因此才可见“周程有爱莲观草、弄月吟风、望花随柳之乐”。

再者，君子须自强不息。“天行健，君子以自强不息”（《象传·乾卦》），张岱年在分析这一命题时指出，自强不息充分展现了中华民族的基本精神，后世君子和知识分子们也是在自强不息精神的激励之下奋发图强，不懈进取。“士不可以不弘毅，任重而道远。仁以为己任，不亦重乎？死而后已，不亦远乎”（《论语·泰伯》），表明君子只有具备刚毅果敢的精神，才能在追求仁义道德的过程中找寻自我，学习为人处事的道理，并保持积极向上的精神状态。君子自强不息，不甘人后，体现出刻苦好学和努力向上的精神。《中庸》有言：“人一能之己百之，人十能之己千之。果能如此，虽愚必明，虽柔必强”。君子要始终保持戒慎恐惧之心，在追寻仁义道德的过程中，“须臾”不可离开“道”，即使别人看不到也听不到，也需要终身慎独，保持良好的道德修养。

“成人之道”则是着重探讨养成理想品格的途径，儒家思想致力于理想人格的现实养成。成人之道蕴含于理想人格之中，儒家学者在探讨圣人、君子和成人时，不可避免地探讨了人所应当具备的品格和修养。修养是造就理想人格的途径。“修”代表的是修身，“养”代表的是养性，修身养性方可成人。孟子对“修养”做出了界定，“存其心，养其性，所以事天也。夭寿不贰，修身以俟之，所以立命也”（《孟子·尽心上》），这也是儒家思想中早期有关修养的理论。后世儒者对“修养”进行了发挥，理学家程颐把“修身”和“养性”融合为“修养”，提出了两种基本的修养方法，即格物致知、敬以夹持，“修养”这一概念也一直延续下来。道德修养具体可体现在以下方面：

修身之要。“自天子以至于庶人，壹是皆以修身为本”，《大学》中的这句话重点体现了修身之重要。修身最终要实现的目标正是齐家、治国、平天下。天下读书人最高的政治理想莫过于“修齐治平”。读书人在修身时，需要做到“吾日三省吾身”，反省自身，“为人谋而不忠乎？与朋友交而不信乎？传不习乎？”“反省”还要“慎独”，君子应当保持高度的道德自觉，“反身而求”，不诉诸于外在。“古之君子，其责己也重以周，其待人也轻以约”（韩愈《原毁》）。君子应当“迁善改过”。“君子之过，如日月之食”，别人都能看到；“更也，人皆仰之”，君子能改过自新，仍会受到崇拜和敬仰。“知而未行，只是未知”，成人之道重在身体力行，付之于实践。“君子食无求饱，居无求安，敏于事而慎于言，就有道而正焉”（《论语·学而》），通过践履成就德性。

养性（心）之法。养性旨在养气和求其放心。孟子认为，构成理想人格的关键在于养成良好的内在德性，“君子所以异于人者，以其存心也”（《孟子·离娄下》）。“存心”即人能够不断扩充自身内在的道德心，保持道德本心不变，进而完善自己，推己及人。“求其放心"则认为人在成长和成熟的过程中，会逐渐丧失天生的仁义道德，所以人需要在养性的过程中，找回自己的本性与"良心"，"学问之道无他，求其放心而已矣"(《孟子·告子上》)。"养气"即"养浩然之气"，人在这个过程中需要反省自身。孟子认为"养心莫善于寡欲"，养心重在对自然欲望的节制，这与孔子的克己思想相互呼应。孟子的"寡欲"思想则被宋代儒学继承，并加以阐发。宋代理学家提出的"存天理，灭人欲"道德价值观，将"理"和"欲"的关系视若水火，人欲存则天理灭，因此发展到后来，将人的正当的自然需求都要泯灭，走向了极端，为后世所诟病。

自孔孟到程朱陆王以来，中国的知识分子过度强调修身养性，强调保持内心的道德诉求，却并不追求外在的事功，这种发展倾向逐渐瓦解了儒家早期所提出的内圣而外王的想法。不可否认的是，内圣而外王的想法有其弊端，但我们也不能对其利视而不见。理想人格和成人之道是我们进行道德建设的目标与途径，有助于道德主体实现人格的自我完善，并通过主观自觉的道德修养养成良好的道德品质。

按照李泽厚先生的界定，蒙学读物当属民俗文化和小传统。它与处于大传统地位的精英文化，通过儒学教义，是相互渗透和联系的。儒家的经典义理通过蒙学的通俗化，从而得以广泛传播，成为指导民众的价值观和行为规范。在这个意义上，作为大传统的精英文化正是通过启蒙教育实现了儒学的世俗化。大传统与小传统之间必然也存在差异甚至对立，很大程度上这也是价值之"应然"与事实之"实然"的矛盾与冲突。在这种张力与冲突中，启蒙教育糅合了理想人格与道德人格的养成，在道德教化的过程中得以实现。以"圣贤"为追求，以"君子"为目标，启蒙教育培养出符合传统社会价值观的道德个体。

第三节　“诗教”与“乐教”：道德养成的形式

对童蒙进行人伦规范的道德教化是养成其道德品质的主要形式，从本质上说，这也正是“礼教”所要追求的意义和价值。孔子强调“立于礼”，正是使人在具体的生活中待人接物为人处世，从而深入理解各类礼仪的意义并在生活予以应用。作为形式化的礼仪，则从童蒙开始即要求遵照执行。“礼教”是行为处事规范的教育，“诗教”与“乐教”则是激发童蒙内心情感意志，是仁爱情感的教化。从“诗”兴起，以“礼”节之，以“乐”成之。在启蒙教育中，“诗教”与“乐教”的传统得以保留，以启蒙读物的韵律编排及道德教化方法的歌诗化育体现出来。

一、传统启蒙教育道德养成的基本原则

在对童蒙进行道德养成的过程中，教师无疑是道德教化的主体。对于心智发育犹未健全的儿童来说，教师的责任尤为重要。老师不仅要答疑解惑，同时也要传授学业，更重要的是要“传道”，继承儒家思想道统继而传授给学生。道德教化目标的实现既取决于教化主体，也取决于教化对象，还在于教化主体与教化对象之间的“相长”。在启蒙教育活动中，作为施教主体的“老师”，其教育理念及方法对教化效果有极大影响。在长期的教育实践活动中，传统启蒙教育积累了一些教育理念，依当代心理学和教育学中的原理观之，依然具有合理性。

其一，因材施教。因材施教实质上强调的是教育的针对性问题。从本质上讲，因材施教就是为了发挥教育对象的个性，根据对

象的不同及禀性问题的不同对症下药。这种方法能够将教育对象别类分门,从共性中体现个性,从而在进行教育的过程中,根据其能力、性格等具体情况实行不同的教育方案。“视其所以,观其所由,察其所安”(《论语·为政》),在对教育对象的自身认知水平、学习能力有了基本认识后,教师应当依照每个学生自身的特点来对症下药,对其进行针对性教学,将学生的长处展现出来,从而使其实现全面发展,实现道德教化的目标。孔子深得此法之妙,视人视事视境之不同,其回答也大不相同,从其对孟懿子、孟武伯、子游和子夏“问孝”的回答中可见一斑。① 孔子本人对弟子的性格禀赋、才能特长以及智力水平都有深刻全面的了解,因此他可以对不同弟子做出针对性的回答。智力发展不同,传道就有所不同。“中人之上,可以语上”,智力发展中等的人可以告诉他高深的道理,“中人以下,不可以语上”,至于智力发展不够的人,就不可以传授高深的理论。在对儿童进行启蒙教育时,因材施教更为可行。在自我认知阶段,儿童的智力发育仍处于萌芽状态,因此老师的针对性施教尤为关键。在训蒙方法方面,清代学者崔学古曾经说过:“极慧者,必摘其短以抑之,则不骄;极钝者,必举其长以扬之,则不退;倦者必加以礼貌,则不鄙;稍长必砺以蒙工,则不佻”(崔学古《幼训》),正是指出了启蒙教育要按照儿童的资质高低,为其选择不一样的教学方式。重视教育对象的个性化,这是因材施教中比较重要的环节,而更重要的是如何制定行之有效的方案。在动机心理学中,耶基斯-多得森(Yerkes-Dodson)定律曾给出这样的观点,即在相对容易的任务中,动机的高低与活动效率的高低成正比,任务难度

① 《论语·为政》记载:孟懿子问孝。子曰:“无违”。孟武伯问孝。子曰:“父母唯其疾之忧”。子游问孝。子曰:“今之孝者,是谓能养。至于犬马,皆能有养;不敬,何以别乎”。子夏问孝。子曰:“色难。有事,弟子服其劳;有酒食,先生馔,曾是以为孝乎?”

的大小与最佳动机水平的高低成反比。[①] 因此启蒙教育的内容更多地是以精为主，不必拘泥于内容多寡，内容越简约易懂，越能够使儿童产生兴趣，反之则会适得其反。

其二，循序渐进。循序渐进指向的是启蒙教育的阶段性与连续性问题。启蒙教育既要关注教育的阶段性，即启蒙教育重在行为规范的养成及人伦道德的基本道理；同时启蒙教育也要关注教育的连续性，即"小学"与"大学"的衔接问题。大学的"理"的体悟源自于小学阶段"事"上的磨练，当然小学阶段也不可能完全没有"理"的传授。所以，循序渐进是把对受教者的学习阶段与施教者对教育进度的把握紧密联系起来，以取得道德教化的最佳效果。

按照一定的顺序和步骤实施教学活动能够更好地把握教育进度。循序渐进必须了解儿童心理，在如何安排教育的内容方面，要采取由浅入深、由易而难的原则；在安排教育方法时，要根据童蒙的智力发展与接受能力的高低，量力而行。吕本中在《童蒙训》中如是说，"君主教人有序，先传以小者近者，而后教以大者远者"。在启蒙教育中，义理倒在其次，主要是通过学习礼数来使儿童形成规矩，而后慢慢可以理会大学之理。反之，"犯分陵节"，无益童子："后生学问，切须理会《曲礼》《少仪》《仪礼》等，洒扫应对进退之事，及先理会《尔雅》训诂等文字，然后可以语上，下学而上达，自此脱然有得，自然度越诸子也。不如此，则是躐等，犯分陵节，终不能成。'孰先传焉，孰后倦焉'，不可不察也"（吕本中《童蒙训》）。教育童蒙要先从身边事小事处讲起，如先从《尔雅》等训诂文字开始，待得有了一定的认知水平后，才可以教之以《曲礼》《少仪》《仪礼》等"大者""远者"。如果不能做到循序渐进，"犯分陵节"，越级教授童蒙，反而无益于道德品质的养成。道德品质的养成是个漫长的

---

① 朱智贤主编：《心理学大辞典》，北京：北京师范大学出版社 1989 年版，第 841 页。

过程，不能急功近利，如果过于着急求成，则会适得其反。

二、传统启蒙教育道德养成的主要形式

传统文化实质上是礼乐文化，“礼”所以修外，“乐”所以修内，礼和乐共同指向道德教化，在社会功能上殊途同归。在道德教育过程中，礼乐教化是必不可少的一环。礼即“周礼”，有广义和狭义之分。广义的礼指国家政治法律制度和伦理道德规范。狭义的礼则仅指仪式，包括古代的禁忌规范和礼法文化中的冠礼、婚、丧、祭、宴等礼及其仪式。一般而言，我们所谓的礼既有道德意义上的，但又同时包含等级制度的原则在内。相较于“礼”而言，“乐”的范围则更为广泛，它有很强的包容性。郭沫若先生曾提到，旧时中国的乐（岳）是指音乐、诗歌和舞蹈，他们是密不可分的，除此之外还包括绘画、雕镂以及建筑等造型艺术，甚至仪仗、田猎和肴馔也都囊括其中。“乐（岳）即乐（洛）也”，只要使人快乐或感官可以享受到的物质，都归属于“乐”。[①] 这就体现了古时的“乐”具有较强的趣味性和丰富的情感。儒家一向重视利用“诗教”和“乐教”等道德情感教育实现道德教化的目标，培育童蒙的高尚情操。在传统启蒙教育中，对于童蒙的道德养成教育，“诗教”和“乐教”是主要实施途径。通过“诗教”与“乐教”，激发童蒙道德情感，通过美乐教育养成“善”的道德人格。

诗教主要利用《诗经》开展儒学教育，《礼记·经解》有言：“温柔敦厚，诗教也”，意为“诗教”可使人温柔敦厚，后逐渐演变成诗歌的教育内涵和目标。“诗教”产生于西周时期，从原始的乐教中分

---

① 郭沫若：《公孙尼子与其音乐理论》，载《沫若文集》第 16 卷，北京：人民文学出版社 1962 年版，第 186 页。

化而来。早在上古时期，音乐、舞蹈和诗歌是紧密联系的一体，西周时期的乐教便包涵了音乐、诗歌、舞蹈，三者相互联系，密不可分。诗教本质上是指诗歌涵盖的礼义之教，脱离了礼义的诗教就失去了其灵魂。《礼记·孔子闲居》说："志之所至，诗亦至焉；诗之所至，礼亦至焉；礼之所至，乐亦至焉；乐之所至，哀亦至焉"，这体现了诗歌和礼乐关系密切，无法分割。礼乐和教化是上古三代王道文化的重要内容，占据核心地位，被上古君主用来治理国家，安抚百姓。《汉书·礼乐志》说："乐以治内而为同，礼以修外而为异；同则和亲，异则畏敬；和亲则无怨，畏敬则不争；揖让而天下治者，礼乐之谓也。"《尚书·尧典》中记录舜曾在初设官制时，把礼乐教化的职责分别交由伯夷和夔。舜提出夔应把音乐感性的功能充分发挥出来，借助音乐熏陶贵族子弟的性情，使其达到"直而温，宽而栗，刚而无虐，简而无傲"的境界。由于诗、乐、舞的紧密关系，上古时期只要实行乐教就一定要进行诗教，所以诗与乐同样拥有了"言志"的内涵。

"诗教"向来是实施教化的重要手段，儒家尤其重视通过"诗教"来化育学生品德。发展至孔子时期，"诗教"和"乐教"分割开来，不过"诗教"的教化目标仍旨在培育理想的人格。"歌诗"的教育方法贴近学生性情，孔子提出借助"诗教"化育弟子品德。"诗教"主要通过《诗经》进行教化，孔子认为，"《诗》三百，一言以蔽之，曰：'思无邪'"(《论语·为政》)，"诗经"的中正平和之教契合儒家教育思想，所以孔子提出"兴于《诗》，立于礼，成于乐"(《论语·泰伯》)来规范自我，提升道德修养。他曾对弟子提出要学习《诗经》，因为《诗》"可以兴，可以观，可以群，可以怨。迩之事父，远之事君；多识于鸟兽草木之名"(《论语·阳货》)。由此可见，《诗》教既可以发挥"思无邪"的道德教化作用，也能帮助人们"识鸟兽草木之名"，丰富自我知识体系，同时提高个人品味。

“兴、观、群、怨”主要针对情感的培养，利用诗教来启发、观照道德情感，熏陶涵泳，潜移默化。“孔子注重通过情感去感染、陶冶个体，使强制性的社会伦理规范成为个体自觉的心理欲求，从而达到个体与社会的和谐统一。”[①]因为诗教具有“化人”的作用，所以历代儒家学者都主张将诗教与教育实践相融合。从实践效果来看，这一方法确也深受童蒙喜爱。如王阳明主张通过“歌诗”方式化育弟子，因为“歌诗”能使人乐习不倦，在其著作《传习录·教约》中也曾论述“歌诗”的寓教于乐功能，因为歌诗契合童蒙的心理，“皆所以常存童子之心，使其乐习不倦，而无暇顾及邪僻”。道德养成也要使用更贴近儿童的方式，才能最大程度地实现教化的目标。在《传习录中·训蒙大意示教读刘伯颂等》中，王阳明曾言，“大抵童子之情，乐嬉游而惮拘检，如草木之始萌芽，舒畅之则条达，摧挠之则衰痿。今教童子，必使之趋向鼓舞，中心喜悦，则其进不能已；譬之时雨春风，霑被卉木，莫不萌动发越，自然日长月化；若冰霜剥落，则生意萧索，日就枯槁矣。”借助诗教，启发儿童情志，改变原有的顽劣性格使其专注诗书学习。如此，则可事半功倍，提高效率。孔子有言“知之者不如好之者，好之者不如乐之者”（《论语·雍也》），这是立足于精神层面，提出知之、好之和乐之是一种从低至高逐步发展的学习境界。据李泽厚先生的观点，“知之”是基础的认识层面，“好之”是进阶到道德层面，而“乐之”则是更高层面的审美层次。审美层次的“乐”是更高级的、超越道德的一种高超“境界”，把“乐之”作为行事准则，所做之事亦为乐事。

众所周知的《千家诗》，其流播广泛，妇孺皆知，原因就在于在编写时充分考虑了儿童的生理及心理特点。《千家诗》由五律七律两种文体构成，选取唐宋篇幅短小精悍的经典诗文，朗朗上口，利

① 李泽厚，刘纲纪：《中国美学史》，北京：中国社会科学出版社1987年版，第135页。

于儿童记诵；所录诗篇，多与自然景物有关，按照春夏秋冬顺序编排，激发儿童诵诗的乐趣；其中诗篇内容浅显、音韵流畅，具有极强音律美感。当然，诗教仅仅具有音乐美是远远不够的，诗教本身担负着伦理教化的功能。

诗教相较于其他教育方法而言，具有无可比拟的优越性，它利用音乐律感有效承载了伦理教化知识，使道德教化不再生硬无趣，致人反感。在古时诗教或乐教都是为了“化人”，传授知识则是锦上添花之举。诗教专注于培养“文质谦和”君子，塑造中和的人格，这也是对儒家教化传统的延续。所以孔子提出“发乎情，止乎礼”“乐而不淫，哀而不伤”“诗三百，一言以蔽之，思无邪”等思想，均是立足道德层面来阐述“诗教”的本质。诗教本质上是进行道德教化的途径与方式，以美育的形式培育“善”的德性。

孔子在《论语·泰伯》中提出“兴于《诗》，立于礼，成于乐”。“乐”在人格培养中是“成”的阶段，也即是人格养成之时。在孔子看来，所谓的“成人”，不仅要有大智慧、勇敢刚毅、清正廉洁，还要“文之以礼乐”，历经礼乐的陶冶才可称为“完整的人”。作为人格教育的乐教，同样是美育的形式与表现，借助音乐进行道德教育。“乐教”与“诗教”均是通过美育的方式进行伦理教化，化育人心养成人格。

我国历来重视乐教，由来已久已成传统。古人所谓的“乐教”虽不以舜帝为始，但舜帝无疑在“乐教”历程中占有重要地位。[①]《尚书·尧典》所记：“帝曰：‘夔！名汝典乐，教胄子，直而温，宽而栗，刚而无虐，简而无傲。诗言志，歌永言，声依永，律和声。八音克谐，无相夺伦，神人以和。’”舜要求夔行使乐教职能，发挥音乐的重要教化作用，教导诸子。乐感人深，化人速，是有效的教育手段，

① 聂振斌：《中国美育思想述要》，广州：暨南大学出版社 1993 年版。

“予击石拊石，百兽率舞”。夔为乐教的发展奠定了基础。“乐教”经儒家发展，形成系统的乐教理论，乐教理论体系更加丰富，如《荀子·乐论》及《礼记·乐记》，全面系统地阐释“乐教”理论及其功能。

“乐教”具有入人深、化人速的特点，以寓教于乐的方式承载道德教化的内容。“‘乐(岳)者，乐(洛)也’，只要使人快乐或感官可以享受到的物质，都可归属于‘乐’。”①“乐”具有较强的趣味性和丰富的情感的体现，与传统的说教方法相比，更易被童蒙接受。所以乐教向来被儒家重视，作为重要的教化手段对儿童进行启蒙教育。在儒家教学活动中，礼之后即为乐，可见乐教在“六艺”中的地位。孔子是乐教的忠实提倡者，在《礼记·经解》中他曾提到：“入其国，其教皆可知，其为人也，温柔敦厚，诗教也；……广博易良，乐教也。”借助音乐教育教导弟子专注品性修养，形成宽厚善良的品格。但孔子倡导的乐教思想尚且零碎，不成体系，直至荀子，乐教思想才逐渐发展成体系化的理论。在荀子看来：“夫声乐之入人也深，其化人也速，故先王谨为之文”，加之“乐者，圣王之所乐也，是可善民心，其感人深，可移风易俗”(《荀子·乐论》)，所以他提倡借助“乐”施行教化，借助“乐”感化人心，使得百姓安居乐业，天下和睦。

“乐”具有很强的移风易俗的功能，《孝经·广要道章》中的记载“移风易俗，莫善于乐”可为佐证；《吕氏春秋·仲夏纪·适音》也认为音乐在移风易俗的同时可辅助政道，所以君王制礼作乐，“非为欢耳目、极口腹之欲也，将以教民平好恶，行理义也”。《乐记》在原有观点的基础上进行总结，更系统地论述了音乐对于陶冶性情、移风易俗的影响。第一，音乐传达了人类丰富的内在情感，“乐者，

① 郭沫若：《公孙尼子与其音乐理论》，载《沫若文集》第16卷，北京：人民文学出版社1962年版，第186页。

音之所由生也，其本在于人心可感于物”。因此人们可以借助音乐传达出不同的心境，正是“其哀心感者，其声噍以杀；其乐心感者，其声啴以缓；其喜心感者，其声发以散；其怒心感者，其声粗以厉；其敬心感者，其声直以廉；其爱心感者，其声和以柔”（《乐记》）。总而言之，无论心境是哀愁还是快乐，是喜悦是愤怒，是恭敬还是爱慕，皆可以由乐声表达出来。第二，音乐和政道的关系密切，盛世和乱世的声音截然不同，如“安乐”的治世之音意为“政和”；“怨怒”的乱世之音意为“政乖”；亡国之音哀思，其民也困。因为音乐“其感人深”“其移风易俗易”，所以更有必要借助高雅的音乐育人品德。

“乐教”更重要的作用还在于乐主和，乐合同，由美及善。传统文化向来主张礼乐并举。从先秦的文献来看，礼乐并称由来已久，“乐者，国之大典也，古人以之与礼并称”（马端临《文献通考·经籍考》）。为实现教化目的，乐教是礼教必要的辅助手段。第一，《礼记·乐记》提出“乐以治心”，“礼以治躬”；乐“动于内”，礼“动于外”。乐是通过感化来陶冶情操，促其内心自觉，从而培养高尚精神，净化心灵；礼是通过规范来制约外在行为，养成良好习惯，以致成就美好德性，完善人格。故而，“乐行而志清，礼修而行成”（《荀子·乐论》）。第二，“礼主敬、乐主和”与“乐合同、礼别异”（《荀子·乐论》）。礼贵在“别异”，重在维护亲亲尊尊贤贤的社会秩序，故而以“敬”约束他人保持对天理的敬畏与尊重；乐则侧重于“和”，维持不同等级之间关系保持和谐且稳定的状态，故荀子曰：“乐在宗庙中，君臣上下共听之，则皆和敬；在族长乡里间，长幼共听之，则皆和顺；于闺门之中，父子兄弟共听之，则皆和亲”（《荀子·乐论》）。礼对等级进行了严格划分，又借助乐使各等级间和谐共处，礼乐结合才能更好地实现教化目的。

综上来看，乐不仅停留于审美愉悦层面，而且借助美达到善的目的，具有鲜明的社会理性与道德精神。孔子认为："乐云乐云，钟鼓云乎哉"(《论语·阳货》)，乐教是对人类情感的超越，其本质在于它所蕴含的礼乐教化。孔子教习学生鼓瑟击磬，鼓瑟击磬只是形式，其核心却是仁。孟子则认为"充实是为美"，也侧重人的道德层面。《礼记》写道："乐者，通伦理者也"，是指乐教具有很强的道德教化性。乐教有利于礼的实现。孔子提倡以道德为标准来判断音乐的好坏，例如他认为《韶》乐兼备美与善，而《武》乐美则美矣，但未尽善。音乐都要追求尽善尽美，音乐若是缺乏高尚道德内涵，就有失中正平和，失去其重要意义，会被弃用，"放郑声，远佞人；郑声淫，佞人殆"(《论语·卫灵公》)。只有利用兼具善与美的音乐教化人民，使人们耳濡目染从而得以移风易俗，人民安居乐业，和谐相处，天下和顺。

钱穆先生认为，"中国艺术不仅在心情娱乐上，更要则在德性修养上。艺术价值之判定，不在其向外之所获得，而更要在其内心修养之深厚。要之，艺术属于全人生，而为各个人品第高低之准则所在。"诗歌与音乐在儒家那里，不仅仅与艺术娱乐有关，更重要的是其蕴含的伦理诉求。诗教与乐教作为道德教化的重要手段，从一开始就昭示着美与善的和谐统一。

儒家把美与善的结合作为重要追求，期望最终实现尽善尽美。音乐和道德的联系，最早可由《左传·僖公二十七年》看出，书中提出"礼、乐，德之则"，孔子也提出尽善尽美的主张。如《论语·八佾》提到："子谓韶，'尽美矣，又尽善也。'谓武，'尽美矣，不足善也。'"，郑玄注释道："韶，舜乐也，美舜自以德禅于尧；又尽善，是为太平也。武，周武王乐之，美武王则以此功定天下；未尽善，是为未致太平也。"由此看来，孔子主张"乐"要具有审美的艺术趣味，也要具备内在道德涵养。故徐复观先生认为，"由孔子所显出的仁与音乐合一的典型，这是道德与艺术在穷极之地的统一，可以作为万古的标程。”[①]孔子把“仁”作为美的追求目标，故尽善尽美在一定程度上等同于美与仁的统一。

仁代表道德，乐代表艺术。孔子将善与美相统一，实质是将道德与艺术相统一。原因在于一则是乐和伦理是相通的：“凡音者，生于人心者。乐者，可通伦理”（《礼记·乐记》）。这从乐教的教化层面出发，是指美蕴含着善；二则是乐与仁的本质有其自然相通之处。乐与仁其本质均在于“和”。关于“乐主和”“乐合同”，《礼记·乐记》和荀子《乐论》都有论述。而“仁”则把“致中和”与养成中和人格作为最高理想。“和”为美育的诉求，以此为标准，才得有孔子对《诗经》的评价“乐而不淫，哀而不伤”。“郑声”因其不符合中正平和之意，因此孔子主张“放郑声”。李泽厚先生曾就美善统一思想作过中肯的评价：“中国美学要求审美意识具有纯洁高尚的道德感，注意审美所具有的社会价值，反对沉溺于低级无聊的官能享受”。[②]

歌诗教化在蒙学教材中的具体体现就是采取更新颖有趣的编写方式，利用诗歌、成语故事、谚语、韵语等方法，将汉语的优势发挥得淋漓尽致。《三字经》《弟子规》《女儿经》采用三字为一句的编写形式，几句用一韵，读起来朗朗上口，富有音律感，便于儿童在游戏娱乐中记忆背诵。蒙学教育采用化繁为简的方法，微言大义，使儿童耳濡目染，陶冶性情。如《弟子规》的编撰便是将儒家经典的微言大义化为童蒙的揖让言辞的典范。《论语》中原为“弟子入则孝，出则弟（悌），谨而信，泛爱众，亲而仁。行有余力，则以学文”，《弟子规》中则编为“首孝弟，次谨信，泛爱众，而亲仁，有余力，则学文”，采用对仗句，韵脚工整，音韵和谐，方便孩童记诵。除此之外，

---

① 徐复观：《中国艺术精神》，沈阳：春风文艺出版社 1987 年版，前言第 5 页。

② 李泽厚，刘纲纪：《中国美学史》第 1 卷，北京：中国社会科学出版社 1984 年版，第 23 页。

还有部分蒙学读物利用诗歌的形式，如《小学诗礼》和《蒙养诗教》，朱熹编写的《训蒙诗百首》等均是歌诗教化方法的体现。

第四节　个案研究：《弟子规》的道德养成思想

《弟子规》原名为《训蒙文》，成书于清代康熙年间，为山西秀才李毓秀所作。清代乾隆年间经贾存仁修订改编，并改名为《弟子规》。该文以三字韵语的形式编撰而成，每十二字表达一个相对完整的意思。全文共九十行一千零八十字，浅白易懂，通俗押韵，易于读诵。《弟子规》由《论语·学而》中的一段话"弟子入则孝，出则弟，谨而信，泛爱众，而亲仁。行有余力，则以学文"扩充而成，分成"总叙"、"入则孝"、"出则悌"、"谨"、"信"、"泛爱众"、"亲仁"、"余力学文"八个部分。《弟子规》通篇的核心思想是孝悌、仁爱，对儿童的言语行动提出要求，教导儿童应该怎样待人处世，宣扬通过坚持修己爱人达到家庭和睦、社会和谐，内容符合封建伦理规范，成为清代后期广为流传的儿童课本和童蒙读物，影响很大，在蒙书中的地位可以比肩《三字经》《千字文》《百家姓》。

"德教为先"的道德养成特征。《弟子规》突出体现了我国传统启蒙教育"德教为先"的特征。重视德教、修身是我国自殷周以来的一大历史传统，也是我国传统蒙学的主要特征。春秋战国时代的儒学思想家提出"德教为先"，把德教看作是治国的第一要务，并指出治理国家既要靠德教，又要靠刑法，而相对来说，德教优先于刑法，也就是"先德后刑"。要推行充分的道德教化，这样才能得民心，因此善政不如善教，故有"教为政本"。在学校教育中，就德育与知识教育的关系而言，要坚持以德育为首位。从修身齐家可以达到治国平天下的认识出发，儒学家们主张学校教育和家庭教育应以道德教育为根本，把培养有德之人作为教育的根本宗旨，即“德为教本”。重视道德教育的作用，同时也就必然要提倡个人的道德修养。因此，“自天子以至于庶民”，皆要“以修身为本”。只有先“正己”，才能“正人”。但道德生活并不是也不应当是人们的一种纯自发和自然的原初生活，中国古代的先民们很早就意识到道德生活离不开道德的外在教化和培育。在儒学家们心目中，中国作为“礼仪之邦”，应借助于“人文化成”，即对天下人推行道德教化，实现道德生活的提升和人格的培育。《孟子·滕文公上》在论及三代的学校教育时便指出夏商周三代的学校教育虽然名称不同，其目的却是一致的，“学则三代共之，皆以明人伦也”。中国伦理文化十分推崇“教化”，“教化”不仅重“教”而且特别重“化”。“化”的伦理意义，就是要在人的自然存在的基础上使人更好地成为人，化出一个人文的世界，达到德化天下，参赞天地之“化”育。从某种意义上说，“德化”是教化的核心也是教化的目的，教化是“德化”的基础和具体方式。儒家以六艺为教，包涵知识技艺之内容，但是它的着重点和目的不在理论和知识，而在于德性教养和敦民化俗。在儒家看来，为学虽要涵泳于知识技艺，却必须以道德仁义之成就为其本。道德教化与生活的态度转化及价值提升密切相关，应以培养高尚的人格品质和人生态度为主要内容和教化的宗旨。而道德的教化理念，则必须落实于现实的道德生活方能见其功。经典的传习，知识和智力水平的提高，应该服从并服务于德性的修炼和品格的锻铸，这就是《论语·学而》中的“行有余力，则以学文”的意义所在。《弟子规》正是贯彻了这个理念，在篇章结构上，先是“入则孝”“出则悌”，然后是“谨”“信”，接下来是“泛爱众”“亲仁”，最后才是“余力学文”。“入则孝”、“出则悌”、“谨”、“信”、“泛爱众”、“亲仁”均是从道德角度对儿童日常生活提出的要求，而即便是“余力学文”这部分，谈的也不是具体的文化知识，而是如何养成应有的学习态度和学习习惯。

《弟子规》集中体现了朱熹理学的影响。程朱理学特别是朱熹理学是清代的正统意识形态,《弟子规》成书于康熙年间,即是这种意识形态在启蒙教材上的反映。在信奉理学的经筵讲官魏裔介、熊赐履、李光地等人的影响下,康熙皇帝极其推崇朱熹理学。他不但将朱熹理学视为儒家道统的正传,还下诏朱熹"配享孔庙,在十哲之次"。他之所以选择朱熹理学作为官方正统,首先是因为,在康熙看来,"先儒中,惟朱子之言最为确当。其他书册所载,有不可尽信者"(《清实录·圣祖仁皇帝实录(三)》卷29),更重要的原因是朱熹理学能够更好地适应清朝政府统治的需要。康熙在《朱子全书序》中毫不隐讳地指出:"集大成而继千百年绝传之学,开愚蒙而立亿万世一定之规。穷理以致其知,反躬以践其实","至于忠君爱国之诚,动静语默之敬,文章言谈之中,全是天地之正气,宇宙之大道"。《弟子规》深受朱熹理学的影响,将《弟子规》与朱熹的《小学》《童蒙须知》对照,可以清晰地看到朱熹理学在启蒙教育理念和方法上对《弟子规》的影响。

启蒙教育的根本目的是"明人伦"。在《弟子规》中,有一半以上内容与家庭伦理教育有关,如"入则孝"部分、"出则悌"部分讲的是如何处理家庭内部关系,如"父母呼,应勿缓。父母命,行勿懒";"谨"部分讲的是如何在家举止得当,养成良好日常生活习惯。《弟子规》深受《小学》的影响,无论是启蒙教育的主旨还是启蒙教育的理念,《弟子规》都是对朱熹启蒙思想的继承与发展。作为朱熹启蒙思想集中体现的《小学》,同时也是古时童蒙养正的重要教材,内容主要引用古圣先贤的教诲,如《论语》《礼记》等,核心内容是指导儿童如何待人处事、洒扫应对进退,养成良好的态度与习惯,以有利于童蒙的终生。《小学》的核心思想是立教、明伦、敬身,其中最主要的是明伦。立教和敬身的目的是为了明伦,即明人之伦,而人之伦，就是父子之亲、君臣之义、夫妇之别、长幼之序、朋友之信。在人之伦中，首要的又是父子之亲。因此，“孝”既是朱熹《小学》中大力推崇的人伦之首，又是《弟子规》中着墨最多的美德。朱熹在《小学·序》中指出，“小学，教人以洒扫，应对，进退之节”，小学阶段要教育的内容是洒扫应对进退的行为规范，同时还要教育儿童“爱亲，敬长，隆师，亲友之道”，即对长辈亲友的礼仪秩序；“小学之方，洒扫应对，入孝，出恭，动罔或悖，行有余力，诵诗读书，咏歌舞蹈，思罔或逾”，小学最重要的就是行为规范的训练和人伦道德的培养，“入孝”及“出恭”，各有道德要求。“爱亲”在儿童要养成的道德中居于首位。在《小学·内篇·明伦》中，朱熹进一步指明儿童如何“爱亲”，也就是如何学习“孝”：“曲礼曰，凡为人子之礼，冬温而夏凊，昏定而晨省”，即是具体的行“孝”行为。相应地，在《弟子规》中就有“冬则温，夏则凊，晨则省，昏则定”。除了“爱亲”之外，《弟子规》还提倡儿童对父母的无条件服从，例如，“父母呼，应勿缓。父母命，行勿懒。父母教，须敬听。父母责，须顺承。”即便“亲憎我”，也仍然要孝敬，这样“孝方贤”。即便“亲有过”，“谏不入”，也要“悦复谏”。即便被父母亲打，也要“挞无怨”。这种儿童对父母的无条件服从，背后是我国封建社会三纲五常中的“父为子纲”，是我国封建社会主流价值观在儿童日常生活中的投射。“父为子纲”是维护封建宗法等级关系的道德要求，具体来说是父慈子孝，但若父即有不慈，子不可以不孝。在我国封建社会的绝大部分时间内，父子关系被人们认为是最重要的人际关系，高于任何其他的人际关系。因为它是与生俱来、不可选择、由本能欲望参与调节的关系。当然，《小学》和《弟子规》强调的“孝”，最终的目的是“借正父子之伦，以严君臣之分”，旨在强化“忠君”思想。

具体行为的日常训练是道德养成的途径与方法。《弟子规》遵循启蒙教育的根本方法是“行在知先”“先事后理”，通过着装、言语、事长、饮食，及与人相处、学习习惯等条目，对儿童生活起居、学习、道德行为礼节等进行了详细规定。如对于衣服穿着，《弟子规》要求："冠必正，纽必结。袜与履，俱紧切。置冠服，有定位。勿乱顿，致污秽。"在对待亲长上，《弟子规》要求："亲有过，谏使更。怡吾色，柔吾声。"在行为姿态上，《弟子规》要求："步从容，立端正。揖深圆，拜恭敬。勿践阈，勿跛倚。勿箕踞，勿摇髀。"在言语交流上，《弟子规》规定："斗闹场，绝勿近。""奸巧语，秽污词。市井气，切戒之。""凡道字，重且舒。勿急疾，勿模糊。"在饮食起居上，《弟子规》也相应地要求："朝起早，夜眠迟。""缓揭帘，勿有声。""执虚器，如执盈。""对饮食，勿拣择。食适可，勿过则。""年方少，勿饮酒。饮酒醉，最为丑。"在与人相处上，《弟子规》则有，"人有短，切莫揭。人有私，切莫说。道人善，即是善。人知之，愈思勉。"在学习环境上，《弟子规》提出，"房室清，墙壁净。几案洁，笔砚正。""列典籍，有定处。读看毕，还原处。虽有急，卷束齐。有缺坏，就补之。"在学习习惯上，《弟子规》则曰："墨磨偏，心不端。字不敬，心先病。""读书法，有三到。心眼口，信皆要。"《弟子规》中这些有关举止行为的具体规定，深受《童蒙须知》的影响，只不过是按照"孝""悌""谨""信""爱众""亲仁"及"余力学文"进行编排。

《弟子规》中大量这些关于日常生活行为规范的规定是性习论思想的反映，也是"先行后知""先事后理"的传统启蒙道德教育理念的反映。性习论认为，个人的差异既取决于"性"（先天因素），也取决于"习"（后天因素）。具体来说，先天因素（"性"）的基础与后天因素（"习"）的影响的叠加，导致了人与人之间的差异。《尚书·太甲上》即有"习与性成"一说，孔子的"性相近，习相远"是性习论的经典表述。根据这种观点，人的先天因素仅仅存在着较小的差异，个人的较大差异主要来自于后天因素的巨大影响。如王廷相认为人"天赋相近""凡人之性成于习"，即使"父母兄弟之亲"，其差异只不过是“积习捻熟然耳”。王夫之提出了“性日生日成”说，认为人性是“未成可成，已成可革”的。在性习论观念的影响下，我国传统启蒙道德教育高度重视后天环境因素和后天教育的作用，强调启蒙道德教化，并形成了“先行后知”“先事后理”的道德教育理念。朱熹在《论语集注》中说，“道，则人伦日用之间所当行者是也”。在《朱子语类》卷第十三，他还说：“人言匹夫无可行，便是乱说。凡日用之间，动止语默，皆是行处。且须于行处警省，须是战战兢兢，方可。若悠悠泛泛地过，则又不可。”在朱熹看来，儒家之道是面向日常生活的，是体现在日常生活中的，践履道德并不是特意去做某种大德行为，而只要在自己的日常生活中践行基本道德原则即可。因此道德养成的关键不在于道德说教，而在于“行”，在于实践，在于践履。具体到儿童的道德教育上，就是要在儿童明白“理”之前，使儿童先“行”，先践履，先“居敬”，通过道德实践，让儒家道德融进儿童的日常生活中，让儿童于日常的生活和最常见的人际关系中（“人伦日用之间”），去践履德行，在日常生活中养成儒家所要求的道德行为习惯，在儿童长大一些以后，再教之以道德理论，使之通过内省功夫领悟所学到的道德理论（“穷理”），并运用道德理论去指导道德实践，此时就要做到“知之再行”，真正做到知行合一。这就是传统启蒙道德教育的“先行后知”“先事后理”。

朱熹在《答吴晦叔书》中说：“盖古人之教，自其孩幼而教之以孝悌诚敬之实，及其稍长，而传之以诗书礼乐之文。皆所以使之即夫一事一物之微，各有以知其义礼所在，而致涵养践履之功也。（此小学之事，知之浅而行之小者也）。及其十五成童，学于大学，则其洒扫应对之间，礼乐射御之际：所以涵养之者，略已小成矣，于是不离乎此，而教之以格物而致其知焉。……此大学之道，知之深而行之大者也”。在《大学章句·序》中，朱熹也说，“人生八岁，则自王公以下，至于庶人之子弟，皆入小学，而教之以洒扫应对进退之节，礼乐射御书数之文。及其十有五年，则自天子之元子众子，以至公卿大夫元士之适子，与凡民之俊秀，皆人大学，而教之以穷理正心、修己治人之道。此又学校之教，大小之节，所以分也”。也就是说，在启蒙教育时期，一般在十五岁之前，也就是朱熹所说的“小学”时期，只是教之以礼乐射御书数及孝悌忠信之事，从而将伦常礼教融入“洒扫应对进退”中，使儿童在日常生活上熟悉伦常礼教，这就是“教之以事”。在此基础上再“学文”，学诗、书、礼、乐之文，教之以致知格物及所以为孝悌者的理，这就是“教之以理”。在十五岁之后，在小学的基础上，再入“大学”，此时再穷理正心、格物致知、修已治人。“小学”和“大学”虽然是两个不同的阶段，但其中“事”与“理”是一以贯之的，“大学”所学的“理”就是“小学”所学的“事”的理。朱熹认为，小学的特点是以事教，所谓“学其事”，大学是以理教，所谓“穷其理”。“小学”学其事，就是践履道德，从习作洒扫应对进退等礼节上开始，培养儿童的生活习惯。这个践履的过程是一个“习惯化”的过程，达到“习与智长，化与心成”的境界，所谓“少成若天性，习惯如自然”，这正是“养”的功夫，即道德养成的过程，也是准备(“豫”)的过程。朱熹说，圣人教人大概只是说孝悌忠信日用常行的话，人能从上面做将去，则“心之放者自收，心之昏者自著”。如此不断学习，由行动渐领悟义理，由近及远，由浅及深，这即是“教之以事”，然后“养得他心”。

第三章

修身与治家：传统家训中的道德养成

对童蒙进行启蒙教育和养成教育，家庭无疑是其中非常重要的环节。中国人重视家庭重家风重家教。家庭教育是教育的起点和基础，对于一个人的成长发展来说其作用举足轻重。在传统社会中，“修齐治平”是对个体成长与发展的基本要求。齐家是中间环节，个人勤学修身，身修而后家齐，家齐而后国治，国治而后天下平。一环连着一环，如果不能做到“家齐”，后面的“国治”以及“天下平”就是妄谈。所以，我们的传统文化特别重视家教家风，以家训为载体，形成了别具一格的家庭教育模式。

家训是道德教化的重要载体。传统社会上层士人为保家风、振家声，注重为后人撰写家训、警句等，以便起到训诫与规劝的作用。一般而言，家训主要指的是家族中父亲写给儿子、兄长写给弟弟妹妹、族长写给族人等的规训，当然也有夫妻之间留下的嘱托等。训诫的目的是贵名节、重家声，希望家中子弟修身齐家，学而优则仕，从而实现显亲扬名，光耀自家门楣。家训是家庭教育的主要载体，同时又因其与入仕报国紧密联系，所以内容多与政治风化相吻合。在内容上，家训一方面是修身勉学，另一方面是治家治生。在方法上，家训在一般的道德教化原则与方法之外，还有其特有的原则与方法，如严慈相济、爱教结合、言传身教等。

第一节　家国同构与家庭教育

家国同构是传统宗法社会最基本的特征。所谓家国同构，即是家庭、家族和国家在组织结构上具有共通性，都是以宗法血亲来维系，以家长制实现其权力配置。在传统的宗法社会里，家国是有机的统一体。家是小国，国是大家。家可以扩大成国，国亦可以缩小为家。由家国同构而生成家国同治的观念，如亚圣孟子即持“人有恒言，皆曰天下国家”的观点，认为“天下之本在国”，但“国之本在家”(《孟子・离娄上》)。治国与齐家紧密相连，因此，“所谓治国，必先齐其家者；其家不可教，而能教人者，无之，故君子不出而成教于国”(《礼记・大学》)。治家是治国的前提和预演，治国是治家的目标及实现，通过治国最终达到平天下的终极归宿。“君子之事亲孝，故忠可移于君；事兄悌，故顺可移于长；居家理，故治可移于官”(《孝经・广扬名》)。移孝作忠，以父子关系比拟君臣关系，从而实现了家与国的统一。家齐而后国治，在家尽孝，在国就会尽忠，“其为人也孝梯，而好犯上者，鲜矣。不好犯上，而好作乱者未之有也”(《论语・学而》)。如果一个人连家庭都不能妥当治理，那么想要治理好国家更是无从谈起。因此，对于传统士人来说，齐家的重要性不言而喻。为了家庭乃至家族的兴旺发达，上层士绅尤其重视对家中子弟的教育教化。

另外一点特别需要注意的是，我们所谓的“家国同构”，这里的家不仅仅是家庭的指称，更重要的是指家族。因为传统社会中的家庭，不是我们现在理解的父母与子女组成的两代血亲的核心家庭，而是包含两代以上血缘关系构成的团体，即所谓的家族。对此，钱穆先生指出，在中国的传统文化中，家族是最主要的柱石之一，且几乎所有传统文化均依托家族观念而构建，即先有家族观念，才有人道观念，先有人道观念，才有其他观念。① 在社会关系中，家族往往要承担更多的重任。既要治家又要治生，协调家族成员之间的关系同时又要保证家庭的兴旺稳定；既要安置老人又要教育子女，老有所养幼有所长，敬养家族长辈父兄，教育好后辈子孙。

家庭是青少年在走向社会前的重要活动场所，一定程度上来说，传统社会的青少年是在家中完成自己的青少年时期教育。一个人从作为生物个体的存在到转变为一个社会化的人，教育无疑是其中一个极其重要的环节。人的教育包含家庭教育、学校教育和社会教育，三者相互影响、相互制约，共同作用于受教育个体。家庭教育是这一系统教育工程中的基础与肇始。家庭是孩子的第一个学校，父母是孩子的第一任老师，家庭教育是孩子接受的起始教育。通过家庭教育，孩子习得各种基本的技能、常识、知识，获得各种综合能力，最终成为一个社会化的人，成为社会所需要的人。在传统社会中，家庭中某个子弟的成功不仅仅是他个人的成功，更是他背后整个家庭乃至家族的成功；个体人生价值的实现，实际上就是整个家庭及其家族价值的实现。因此，在对青少年的家庭教育问题上，每个家庭都极尽可能地对家庭中的子弟进行全方位的教育。他们的父母及家中长辈，会把其丰富的人生阅历、长期积累的实践经验以及对人生世事的深刻洞察包括为人处世的人情世故，凝聚成刻骨铭心的警言，谆谆教诲告诫子女。与此同时，家中长辈也会把符合社会主流意识形态的价值观、道德观、伦理观、社会规范、生活常识、基本知识与技能等传授给自己的子女。

---

① 钱穆：《中国文化史导论》修订本，北京：商务印书馆 1994 年 6 月版，第 51 页。

一、家训的涵义及分类

家训是传统社会实施家庭教养的主要表现形式。家训有广义和狭义之分,这是就其规范的范围而言的。狭义理解的家训,就是记载一个家庭或家族内部长辈对晚辈的训示及教诫(兄长对弟弟的教诫、丈夫对妻子嘱托也包括在内),或者一个家族内部的有关家规及族规等的文字载体,如《颜氏家训》《温公家范》《治家条约》等。诸如此类的家训文献在我国社会得到了广泛的传播、延续,但从整体上来看,这些文献的根本目的还是为了规范家庭成员的行为,而非是以范世为初衷,是在家族内部使用而流传在外为世人所用。立足广义视角来讲,也有一些家训显然以范世为出发点,并非全然为齐家治家的家庭训诫。这些家训既在家族中代代流传,在塑造家庭成员尤其是后人健全人格方面发挥重要作用,同时也在社会上得以广泛传播,为社会教化所用,比较经典的有《小儿语》《袁氏世范》等。一般而言,各种家训普遍以家族中的后人为训诫对象,形式有警句、格言等,以便起到训诫与开发心智的作用。家训一般而言,主要指的是家族中父亲写给儿子,兄长写给弟弟妹妹、族长写给族人等的规训,当然也有夫妻之间留下的嘱托等。就其撰写者来看,有的系教诫者自己撰写,有的则为引用儒家经典中的相关内容,还有的是对祖上遗言、族训、族规、公序良俗等的条款创新,且以劝诫、劝谕与行为约束为目的,不仅书面家训如此,即使是口头家训也是如此。但本书在写作过程中所使用的家训是形成文字典籍的书面家训,不包括口头家训。

家训的异称,比较常见的有“家范”,如狄仁杰的《家范》、司马光的《家范》;“家诫”,如嵇康的《家诫》;“家书”也非常多见,不仅有三国时期诸葛亮亲撰的《诫子书》《诫外甥书》等,还有诸如《诫子散书》(汉代刘向)、《诫兄子严、敦书》(汉代马援)以及将家书汇编为著作的《曾文正公家训》;"家规",如清人孙奇逢的《孝友堂家规》;还有"家仪"、"家教"、"家语"、"家订"等称谓,比如司马光撰写的《涑水家仪》、唐代无名氏撰写的《太公家教》等。另外,由于传统社会聚族而居,家族相助守望,所以,很多名门望族的家训普遍以家谱为载体,在称谓上存在明显差异,如存在"家约"、"祠规"、"宗规"、"乡约"等称谓。对此徐梓先生认为,在我国古代,往往一乡一村均属于同一个宗族共同的集居地,因此无论是乡约、还是村约,均呈现出规范家庭成员言行的特点。比较经典的有《蓝田吕氏乡约》(宋代吕大中撰写)等。① 值得注意的是,很多古代家训属于长辈在临终时对子孙的教诫,涵盖了各种"遗诏"、"遗书"、"遗救"、"遗诫"遗训遗言等。

家训,就其对象而言,可以分为"帝范"、"女训"和一般的家训;就其体裁而言,有专著,有散文,有诗歌。家训随家庭的出现而产生。因此,从现存文献资料以及考古发现来看,均证实我国古代家训早在五帝时期就开始萌芽,到了西周时期已经被社会所认知,两汉得以成型,并在隋、唐两代渐渐走向成熟,到了宋元两代则走向了全面繁荣,但在明清两代虽然维持过鼎盛状态,但最终难以挽回由盛而衰的态势。② 我国古代家训数量众多、丰富多样,历朝历代不断产生,蔚然可观。家训有专为家人家族所写的专著,也有很多是散见于各类史书及"艺文志"之中。著名史籍《尚书》与《史记》,均对西周时期周公对子侄的教诫进行了记载,说明我国古代家训早在西周时期就开始萌芽,而周公则是我国传统家训文化的鼻祖。在先秦时期以及两汉、三国等时期,家训文化开始受到封建帝王以

① 徐梓:《家范志》,上海:上海人民出版社 1998 年 10 月版,第 13 页。
② 徐少锦,陈延斌:《中国家训史》,西安:陕西人民出版社 2003 年版,第 2 页。

及士大夫阶层的推崇与政策鼓励，从而涌现出很多优秀家训，如《诫兄姊马彦、马顿书》（东汉马元）、《女诫》（东汉班昭）、《诫子书》（三国诸葛亮）等家训，都是非常经典的名作。而《颜氏家训》（南北朝颜之推），《帝范》（唐太宗李世民撰写）则属于封建士大夫与皇室家训的典型代表，体现出封建王朝与士大夫阶层的家训已经非常成熟。到了两宋时期以及明、清两代，较为有名的家训代表作有《涑水家仪》《家范》（北宋司马光），《戒子通录》总集（南宋刘清之辑录），《袁氏世范》（南宋袁采），《许鲁斋训子语》（元许鲁斋）等。在繁荣时期各种家训形式多达上百种，并出现了很多家训专集，如《教女遗规》《养正遗规》《训俗遗规》（清代陈宏谋辑录）等。

对童蒙进行养正教育与养成教育，家训是重要的载体，但并非所有的家训都可以作为启蒙阶段的教育文本所用。因此，在本书的写作中，家训的选择以启蒙和养成作为选择的标准，有所取舍。写作中尤其关注启蒙教育中的价值观培养和道德观的养成，对家训进行伦理教化方面的考察，因此我们所选取的篇目多是比较熟知常见的名篇，很多时候这些口耳相传的家训是与蒙学联系在一起，如《诫子书》《颜氏家训》《太公家教》《朱柏庐治家格言》《朱子家训》《袁氏世范》《曾文正公家训》以及表现为女训的《女诫》《女孝经》《女论语》《内训》《新妇谱》等。

二、家训的教化原则与方法

家训与启蒙读物之间的界限并不十分明确。流传甚广的一些家训如清代朱用纯的《朱子治家格言》，本是家训之作，但由于其编写工整，通俗易懂，便于流传，因此也流传于外，为当时童蒙教育所用。但多数家训是为着家庭教育而作，为着家中子弟的教育，为着家族的兴衰荣辱。相较于一般的童蒙教材，家训无论是从教育对象还是编撰者本人包括编撰的内容来说都有自身的特点。具体而言，家训的教育对象不如蒙书受教者甚众，其教育对象不是遍及社会各个阶层，家训针对的是家中子弟家族成员，囿于家庭家族范围。家训的编撰者多为上层士人，其思想渊源多能详细考知。因为多是上层士人所撰写，家训的儒家思想更为浓厚，不比蒙书，在思想上多有杂糅。家训为振家风保家声，因此在内容上对治家治生多有提及，涉及较多的家庭家族事务。一个家族的兴旺发达不仅要显亲扬名，也要维持家族的正常运转，尤其是明清之际家训，涉及较多的治生事务。

传统家训内容极其丰富，教化思想庞杂，涉及的内容极其广泛。一般而言，大致可以概括为齐家治家、教诫子弟、处事指导三个方面。这三个方面涉及齐家要处理的五伦关系的道德规范、治家的基本原则、教育子弟要养成的道德品质以及待人接物为人处世之道。

同时，相较于女训和蒙书的教育方法和一般原则，家训也积累了一套颇具特色且行之有效的教育原则和教育方法，这些教育原则和教育方法遵循了家庭教育的特点，遵循了儿童心理发展规律，以现代眼光观之，依然有其现实意义。尤其是在传统家训文化道德养成观点中所倡导的爱教结合、严慈相济与及早施教等思想，即使是在今天，也依然具备参考意义与借鉴价值。①

其一，爱教结合。所谓爱教结合，即教子正道，爱子有方。如果对子女过于宠爱、溺爱或偏爱，反而对子女健康人格的养成带来不利影响。南北朝时期的颜之推便在《颜氏家训》中对各种“爱而不教”的教育方式进行了分析，认为世人有的“饮食运为，恣其所欲；宜诫翻奖，应诃反笑，至有识知，谓法当尔”；有的则“骄慢已习，

① 徐少锦，陈延斌：《中国家训史》，太原：山西人民出版社2003年版，第8—10页。

方复制之，捶挞至死而无威，忿怒日隆而增怨”，所以往往带来“逮于成长，终为败德”等不良后果。很多父母在生活饮食上过于娇惯、疏于管束教育，不仅任其所为，还往往不训诫反鼓励，应呵斥的则嘻笑对之，导致子女认识不到自身行为的不当，久而久之便会形成不良习惯，此时父母再予以管教，则已经难以奏效。恶习养成之后再进行管教，不仅不易奏效，而且父母很容易与子女产生怨恨乃至隔阂。因此作为父母应该采用有教之爱的方式，对子女教而有爱，有严有慈。

其二，严慈相济。在我国传统文化的认知与角色定位中，父母各有角色定位。世称父母为“家严”、“家慈”，一般而言，父亲多为“严”之形象，母亲角色定位于“慈”。在教育孩子的问题上，父亲容易暴躁而严苛，母亲则容易过于疼爱且疏于管教。但是无论是一味严厉没有慈爱，还是一味溺爱没有威严，都会影响子女的健康成长，往往会带来“慈母有败子”（见《韩非子·显学》）以及“鞭扑之子，不从父之教”（见《说苑·杂言》）等恶果。当然，在教育子女问题上难以做到绝对地严慈对等，但依然要遵循严慈结合的原则，这样才能教以正道，促进子女成材。对此《颜氏家训》还提出对策，认为“父母威而有慈”，“则子女畏惧而生教矣”。强调“父子之严，不可以狎”“骨肉之爱，不可以简”。认为这种“严”不能仅仅在言辞上做到“严”，还应在子女犯错时给予一定的体罚。颜之推甚而还将鞭挞作为家庭教育与训诫的有效方式，认为“笞怒废于家，则竖子之过立见”，如果不能对犯有过错的子女予以惩罚，则更容易小错终酿大祸，悔之晚矣。

其三，及早施教。在蒙学中强调的是养正于蒙，在很多家训中，及早施教之“早”可推到胎教，即对子女的施教应从胎儿阶段开始。这种重视胎教的观点，早在西周时期便有人提出，相关历史文献对文王之母实施胎教的方式进行了专门记载，不仅“席不正不坐”，甚至“割不正不食”。《颜氏家训》对此给予赞誉，并在教子篇中列出了这种“胎教”方式，认为圣王的胎教之法遵循的是以下流程：即“怀胎三月，出居别宫，目不邪视，耳不妄听，音节滋味，以礼节之”（见《颜氏家训》）。颜氏在《教子篇》中还对胎教重要性做了分析，认为胎教是“及早施教”的重要阶段。以现在的观点来分析，胎教确有其科学性与合理性。早教的重要性也日益受到年轻父母的关注，并在现实生活中亲身实践。孩子的幼儿阶段，是实施早期教育的最佳时机，通过“教妇初来，教子婴孩”，可以很好地开启孩子的心智。

在我国的传统家训中，所倡导的家教方法有以下几点：其一，父母或长辈重视言传身教作用的发挥，尤其要重视身教重于言教。这里的言传身教，即父母或长辈要通过自身良好言行为儿童起到引领、示范作用。作为孩子们最亲近、接触最多的人，父母对孩子的影响要远远大于其他人，是孩子学习效仿的主要对象，因此《颜氏家训》认为子女与父母之间的亲密关系决定了他们“同言而信，信其所亲”，而且子女在行为的选择上也是“同命而行，行其所服”。正是由于子女对父母的依赖与信服，作为父母更要注重自身修养、谨言慎行，言行举止为子女所效法。父母行为不端，举止不合礼法，子女便会上行下效，正所谓“老子偷瓜盗果、儿子杀人放火”（见吕得胜《小儿语》），父母的影响不可谓不大。不修德行举止不当的父母难以培养出有德正道的子女。魏源在《默觚·学篇》中还认为，父母应“身教亲于言教”，即要求孩子做的事情，自身要首先做好，这样才能起到良好的引领与示范作用。另外，家训中还特别强调教育孩子慎重交友。《颜氏家训》认为，如果“与善人居”，则“如入芝兰之室，久而自芳”。而如果“与恶人居”，便会“如入鲍鱼之肆，久而自臭。”

其二，知行合一，处理好读书与躬行的关系。读书与躬行的关系是事关知与行的大问题。在家庭教育中,所谓“知”,即父母指导孩子诵读、学写诗文、摹帖练字,结合孩子的特点选择阅读书目、推荐字帖与范文、引导其应用良好的读书方式等。而“行”,则指的是子女的实际行动,如对各种家务劳动积极参加,在父母引导下,孩子熟悉农耕知识、进行经商习技等,通过这些引导从而让后人自强自立,不仅具备基本生存能力,还可回报国家和社会。[①] 这些要求也是我国家训文化普遍涉及的内容,对谋生技能的重视是家训与蒙书区别之处,当然这也是家庭教育与学校教育明显存异的关键之处。对谋生技能的培养以及对家庭治生方法的强调也与家训普遍重家声贵名节的特点存在密切关联。

第二节　个体道德养成:修身与勉学

传统社会可谓是以家族和国家这样的两极结构形式存在的,没有现在我们所谓社会关系的组成部分。按照《大学》中“八条目”所讲的“修齐治平”,我们大致可以将传统道德分为个体修身道德、家族道德及国家道德三个部分,但其实我们发现传统社会中个体道德服从于家族道德的要求,而国家政治道德又是直接从家族道德中延伸出来,如“忠臣必出于孝子之门”,即是移孝作忠。所以,中国传统社会的伦理秩序在宏观方面是由国家政治伦理来规范,民众的日常规范则是由家族伦理和个体伦理等来实现。就家训而言,它既有个体修身的道德规范,又有家族兴旺和睦的伦理要求。当然,无论是个体修身还是齐家治家,所有道德规范的总纲是在国家政治伦理的规约之下进行,对三纲的服膺,对“爱有差等”伦常的

① 徐少锦,陈延斌:《中国家训史》,太原:山西人民出版社 2003 年版,第 11 页。

确认，这是进行家庭教育的前提。

纵览数量繁多的家训家书，可以看到传统家训涉及领域极其广泛，蕴涵的思想十分丰富。以内容观之，包括修身、交友、治家、治生、孝亲、清廉、勉学、勤政等等，但立足其核心要求来看，显然是以治家、修身与立业为重点，即以良好的伦理道德教育与人格塑造为基本初衷，道德养成与齐家治家结合。所谓道德养成，主要指的是对后人进行良好的品德教育，引导他们自我修身、勤奋向上。而齐家治家则以治理好家庭为重点，其中包括睦亲齐家、修身养德、读书做人等。为人处事是家训不变的主题和永恒的话题。

一、立志清远，励志勉学

为使家风不坠，保持良好家风、维护美好家声，有识之士会勉励子弟读书。在科举时代，读书是美而贵的事业，读书可以入仕为官，获得优越的社会地位。即便不为功名利禄显赫地位，变化气质亦要读书。修身做人，变化气质，同样要学习，学习圣人先贤的经典言论，指导子弟做人与处世。由于家训作者多为上层士人，因此，在读书的目的上，家训作者们是以上几种情况兼而有之的，他们既希望子弟读书而明白做人道理，又希望子弟“学而优则仕”，走读书出仕之路。

王夫之尝言，“读书教子，是传家长久之道”（王夫之《与我文侄》）。两汉尤其是东汉以来，很多家训将激励子女勤读书、立大志、成大器作为主要内容。如诗人嵇康在《家诫》中就强调了“人无志，非人也”的道理。诸葛亮要求外甥“志当存高远，慕圣贤”。明代王守仁专作《示弟立志说》，以此勉励其弟王守文树立“为圣人之志”。

志是目标，也是为学之本。读书要立大志，不是单纯为了个人与家庭，还应该有更高的追求。如曾国藩在《与弟书》中认为，君子当“立志也”，即不仅拥有“民胞物与之量”与“内圣外王之业”，还应具备“而后不忝于父母之生，不愧为天地之完人”等志向。他甚至还提出应把大学“明德、亲民、止于至善”的三纲领视为分内事，而且认为学了之后更要躬行。

家训中不少论述均勉励子女要读书，通过读书实现“开心明目”“修身利行”。诸葛亮劝诫儿子“非学无以广才，非志无以成学”（诸葛亮《诫子书》），通过学习增加才识，增长见闻。颜之推告诫子孙，读书学习可以使人为己，从而以补自身不足，然后博施济众而能行道义利世。通过读书可以效法古人，如未知养亲者能“怡声下气，不惮劬劳”，从而在家庭生活中孝敬父母；效法古人“守职无侵，见危授命，不忘诚谏，以利社稷”，在国家危难存亡之际，能够坚守职责，功在社稷；“素骄奢者”通过读书还可以效法古人“卑以自牧，礼为教本”，能够谦敬恭俭，实现“敛容抑志”（《颜氏家训·勉学》）。

明确了读书立大志后，就要惜时以读书。对此东汉王修在所撰写《诫子书》时指出“人之居世，忽去便过，日月可爱也”，因此要“故禹不爱尺璧而爱寸阴。时过不可还，若年大不可少也，欲汝早之”。惜时以读书，立志以成学。读圣贤书，效慕先贤，修身以做人，这是家训对子弟进行品德教育的又一大主题。读书还要持之以恒。“学问之道无穷，而总以有恒为主。”只要每日不间断读书，自然会有进步。读书虽在幼年时效果好，但年纪大了也并非不可，“幼而学者，如日出之光，老而学者，如秉烛夜行，犹贤乎瞑目而未见者也”（《颜氏家训·勉学》）。只要发愤努力，勤学甚笃，终会有一番成就。

二、谨言慎行，审择交友

在我国的传统儒学理念中，始终倡导“德育为先，修身做人”的行为原则。“修身”是为人之“本”。对此孟子指出：“人有恒言，皆曰‘天下国家’”。认为“天下之本在国，国之本在家，家之本在身”（见《孟子·离娄上》）。唯有如此，才能将国家治理好，达到“修己以安人”与“修己以安百姓”的目的。这种行为理念在《大学》中还被重点概括与分析，不仅大力倡导“自天子以至于庶人，壹是皆以修身为本”等自我修为理念，还强调唯有坚持修身才是为人之根本，才能达到齐家、治国与平天下的境界，深刻体现了儒家思想中的经世致用精神蕴含。而立足家训主体内容的视角来讲，所谓“修身”，即通过良好修为、学习养成良好的行为习惯，形成积极健全的人格，通过道德约束与自觉，达到正心诚意、自我约束，从而形成良好的道德意识。

修身之要在于“慎”。“慎”是我国儒家思想中的一个重要德目，儒家经典中多有记载，比如“慎乃有位，敬修其可愿”（见《尚书·大禹谟》）、“慎行其身”（《礼记·祭义》）、“慎尔言也”（《诗经·巷伯》）等。尤其是在《荀子·劝学》中，则直接指出了“君子居必择乡，游必就士，所以防邪僻而近中正也”道理。可见圣哲先贤对于慎德的培育、涵养非常重视，认为其属于最宝贵的人生经验，如果在德上不慎，则极易形成“害”、“困”等人生风险。也即是说，“慎”一方面是为了提高道德修养，另一方面是为了避祸。从这一点来看，这种“慎”不仅涵盖了慎修，还涵盖了“慎交”等要求。前者即要求不断进行良好的品德修养，慎言慎行，符合传统的“君子谨于言而慎于行”等行为规范，这也是儒学理念中的主要“内圣”要求之一，家训中即是以此教诫子孙内修省身，成就自身的美德。如汉代马援在撰写《诫兄子严、敦书》时指出：“吾欲汝曹闻人过失，如闻父母之名，耳可得闻，口不可得言也”，他认为“好议论人长短，妄是非正法，此吾所大恶也，宁死不愿子孙有此行也”。他之所以对侄子们提出慎言要求，就在于他认为“妄是非正法”等行为应列在“大恶”范围，因此要求侄子们必须通过“慎言”来提升自身品德。“祸从口出”，有时因未谨言慎行，有可能导致自身遭殃甚至累及家族，所以家训中也要求子孙为避祸而慎。在北齐魏收所撰的《枕中篇》中，他认为“门有倚祸，事不可不密；墙有伏寇，言不可而失”，而且他强调“宜谛其言，宜端其行。言之不善，行之不正，鬼执强梁，人囚径廷”。而嵇康则在《家戒》更加直接对子女提出要求，告诫子女“夫言语，君子之机，机动物应，则是非之行著矣，故不可不慎”等谨慎之语。

所谓慎交，主要指的是一个人在人际交往时应选择那些品德良好的人作为交往对象，即符合孔子所倡导的“无友不如己者”要求。人生活的关系之中，其中就包括朋友。传统社会倡导五伦，交往的朋友属于其中之一，而且朋友对于人的发展与品格的形成至关重要，如果交往的是品德良好之人，那么可让自己积极上进，而如果交往的是品德很差之人，那则可能让自己走向不德甚至违法犯罪的道路。对此孔子认为，一个人应“里仁为美，择不处仁，焉得知”（《论语·里仁》），即一个人的交际环境对于其发展与品格形成影响重大，所以在交友与择处时要格外慎重。假如说“慎修”属于自身德行养成的关键所在，那么“慎交”则是选择那些对自身修养能够产生积极影响的交际环境，且无论是目光向内，还是向外，均应目标一致，即对自身良好品德养成有所帮助。

交友要慎重，如果不审择人，交友不慎，就会有污品行，有辱家门。品行的改变也要防微杜渐，小的习惯慢慢习得，终究会养成稳定的品格，对此颜延之（南朝·宋）在其撰写的《庭诰文》中认为，一个人“习之所变亦大矣，岂惟蒸性染身，乃将移智易虑”。环境对人的影响显而易见，所以要特别重视交友与环境的审慎选择。如果“与善人居”，则“如入芝兰之室，久而自芳”。而如果“与恶人居”，便会“如入鲍鱼之肆，久而自臭”，所以应“是以古人慎所与处”。审慎交游，就要近善人远佞人。对此孔子也提出了“益者三友”与“损者三友”观点，认为“益者三友”应具备友直、友谅、友多闻等特点，正直、诚信、拥有知识广博的朋友，这样的朋友多多益善，要与他们交游；“损者三友”则是友便辟、友善柔、友便佞，这类人往往谄媚逢迎，表面奉承而背后又毁谤人，善于花言巧语，这样的朋友是损友，与其受其坏习沾染，毋宁不与之交游，宁缺毋滥。与他们交游，不仅无助于自身道德的提高，甚至有亏于德行。朱熹则在撰写的《给长子书》一文中，谆谆告诫儿子一定要结交“敦厚忠信、能功吾过”类型的“益友”，而对于“谄谀轻薄、傲慢亵狎、导人为恶”的“损友”，则应不交或慎交。

第三节　齐家治家之道：睦亲与治生

在儒家推崇的八条目中，齐家是中间环节，通过齐家把修身等个人道德推向社会道德。经过个人正心、修身等前期准备，从而达到齐家的核心目的，而齐家又是治国的重要基础，所以齐家的重要性不容忽视。家庭成员之间是否和睦，关系到家庭的兴衰成败，而家庭是否和睦，又主要看各种家庭关系如何处理。要想使家庭幸福，其中最主要的一点就是家庭成员之间要和睦相处，家和才能万事兴，惟有家庭和睦才能家业兴旺、国家昌盛：“家门和顺，虽饔飧不继，亦有余欢”（朱柏庐《治家格言》）。因此，治家是家训中的一个极其重要的方面。治家主要包括家庭关系的处理和家庭事务的处理，而处理家庭关系主要表现为孝亲敬长，睦亲齐家。

一、孝亲敬长，睦亲齐家

《礼记》曾经对“睦亲齐家”的核心要求给予了分析，认为只有“父子笃，兄弟睦，夫妇和”，才能“家之肥也”，即在一个家庭中，唯有父子之间具备深厚感情，兄弟之间友爱相处，夫妻之间和睦相待，才能家庭和美、家道兴旺。假如父不慈祥、子无孝心、夫妇不合、家庭成员相互提防，那么家道则极易落败。传统儒学一直对处理好家庭关系高度重视，认为家人的和睦相处对于家庭的稳定社会的安宁乃至国家的太平至关重要。

在家庭人际关系中，夫妇、父子、兄弟关系是一个家庭中最基本的关系，是一切关系的基础。北齐颜之推认为“一家之亲，此三而已也”，同时他还强调了“自兹以往，至于九族，皆本于三亲焉，故于人伦为重者也，不可不笃”的道理（见《颜氏家训·兄弟篇》）。在这三对关系中，家训一般都强调夫义妇顺、父慈子孝、兄友弟恭等基本的家庭伦理。家庭人际关系的处理，要求家人各司其责、各尽其分，这样才会家道昌隆。在传统社会中，父子关系一直被视作家庭伦理的关键，认为这是人类不经选择而形成的天然关系，即血亲关系。血缘宗法关系是家国同构的基础。在家国同构的框架之下，儒家思想把父子关系外推至君臣关系，以君臣关系来比拟父子关系，体现出将家庭伦理社会化、政治化的倾向。孟子认为“内则父子，外则君臣，人之大伦也”（《孟子·公孙丑章句下》），即是默认如果一个人在家是孝子，那么他于国就是忠臣。与之相应，如果这个人在家中不能尽孝于父母，那他也不会为国尽职尽忠。孝道从保全身体发肤开始，以扬名显于后世为终，所谓“身体发肤，受之父母，不敢毁伤，孝之始也”。“孝于亲，所当执”，以各种具体的行为孝于父母。“中于事君”，“孝”在“治国”之中体现为君为国的责任与义务。最后则是“立身行道，扬名后世，以显父母，孝之终也”（《孝经·开宗明义章》）。孝的三重涵义以修齐治平为逻辑环节，推演了道德个体在行“孝”过程中实现了德业与事功的合一。

“孝”是我国传统家训中最重要的一个德目。且在我国的文化史上具有重要地位，现代儒学名家梁漱溟先生认为，整个中国文化即孝文化。[①] 学者杨国枢也强调，在中国的传统文化中，不仅倡导以农立国，更倡导以孝立国，因此孝文化在我国的传统文化中具有重要地位。[②] 对“孝”的倡导，在儒家典籍中有很多论述，比如在《论语》《尚书》《礼记》《孟子》等儒家经典中均有体现。儒家思想家大力倡导“孝”。成书于战国末期的《孝经》，则将儒家孝道理念系统化，从而使“孝”成为重要的德目。学术上的大力宣扬反映到现实生活中则是官方对“孝”道的提倡，尤其是从汉代开始，封建统治阶层发现“孝道”作为一种广泛的伦理道德，非常符合中国宗法社会的现实与巩固其统治地位的要求，因此对“以孝治天下”的行为理念给予大力倡导。

家训中对于“孝”的提倡表现为：首先是从理论上论述孝的重要性。明人曹端在《夜行烛》中说：“孝乃百行之原，万善之首。上足以感天，下足以感地，明足以感人，幽足以感鬼神，所以古之君了自生至死顷步而不敢忘孝”。明代姚舜牧在《药言》（又名《姚氏家训》）一文中说到“圣贤开口便说孝弟”，旨在强调孝悌对人养成圣贤人格之重要，因为“孝弟是人之本，不孝不弟便不成人了”。只有“孩提知爱，稍长知敬”，且“一孝立，万善从”，才能“是为肖子，是为完人”。孝是人最基本的道德品行，是发展其他道德品行的基础，若是不能行“孝”，人则泯然于动物，不能成其为人。其次是正面提

① 梁漱溟：《中国文化要义》，上海：学林出版社 1987 年版，第 307 页。
② 杨国枢：《中国人的蜕变》，台湾：桂冠图书公司 1988 年版，第 31 页。

倡孝道。家训随时代发展对“孝”有不同理解，“孝”既可为顺与敬，也可表现为凡事做好使父母安心，还可表现为自身修德修行以显亲扬名等。再者是贬斥不孝行为。在《训子语》中，张履祥指出“古者父母在，不有私财。盖私财有无，所系孝弟之道不小”，私财有无关乎孝悌之道，意义重大。不藏私财，既不欺亲亦不欺兄弟。“无则不欺于亲，不欺于兄弟，大段已是和顺。若是好货财，私妻子，便将不顺父母，而况兄弟？不孝不弟每从此始”（张履祥《训子语》）。先秦之后，家训对孝道有了进一步具体化详细化的解释。何谓孝，何谓不孝，家训对此有区分和表述。对孝道予以正面提倡，对不孝行为予以贬斥，从而维持家庭的和睦。

儒家先贤及历代家训对于孝的认识，不外乎养体敬心，承先述志，生养死葬。概括起来，子女对父母的孝，于父母而言，既包括身体上的侍奉，更包括精神上的愉悦，两者的完美结合，即是孝的最好体现。也就是说，子女对父母双亲要在物质上给予保证，在心理上给予安慰，精神上使父母得到快乐。而子女个体的自我实现也是孝的一种表现形式，同样可分为身体上的表现和精神上的表现。“身体发肤，受之父母，不敢毁伤”是身体上孝的表现；“三年无改于父之道”，遵循父母之教，进德修业，继志述事，显亲扬名，这是在精神上对父母尽孝。

和谐的家庭关系，不仅要做到孝亲，还要敬于长。家训所设计的理想家庭人际关系是父慈子孝、兄友弟恭、夫妇和顺。除了父子这对核心关系外，家庭关系中涉及的伦理关系还有婆媳关系、兄弟关系、姑嫂关系、妯娌关系，在众多的家庭人际关系中，这些家庭关系也可以简化为夫妻关系、长幼关系、兄弟关系。家庭人际关系的处理，重要的是家庭成员角色的正确定位。夫妻之间的伦理关系是“夫以义为良，妇以顺为令”，兄弟之间则是“兄须爱其弟，弟必恭其兄”，长幼之间遵循的是“长者慈爱幼小，幼小孝敬长者”，各种关系处理得当，家庭才能和睦，家齐而后也才能国治。在处理家庭人际关系时，家训遵循的基本前提是“礼”，这种伦理规范体现的是双方的对等，但从宋、明两代开始，封建家长制尤其是宗法制的不断强化，长者、尊者以及夫权等全面强化，范围也逐渐扩大，导致伦理规范的约束成为一种单向的行为规范。长者、尊者、父夫等个体所应履行的义务则被边缘化处理，唯有幼者、妻子、卑者等弱势群体的权利范围逐渐缩小，而责任与义务则明显增多。

二、治家谨严，勤劳节俭

与齐家紧密相连的是治家。齐家之要在“和”，家和才能兴旺繁盛；治家之要则在“俭”，勤俭持家方是长久之道。从皇室之家到普通百姓之间，均会通过家训及教诫等方式要求后人勤俭持家，强调严戒奢侈之风。形成这种理念的原因在于：一是中国传统社会是个农业社会，生产力不发达，生产资料和消费资料有限，因此必须勤俭持家，这样才能维持家庭的正常运转；二是勤俭与否关系国与家的存亡，“历览前贤国与家，成由勤俭败由奢”（李商隐《咏史》）；三是勤俭可以助养德性，诸葛亮在《诫子书》中说“静以修身，俭以养德”，士人诉诸家训希望子弟拒斥奢靡，以俭养德从而保持家业家声。

自古以来，节俭是君子应具备的美德之一。孔子曾说：“礼，与其奢也，宁俭；丧，与其易也，宁戚”（《论语・八佾》），太过奢侈则越礼悖法，与其奢华越礼，不如俭朴以自修。童蒙可以通过节俭的行为养成道德品质。勤俭可以修炼个人品德，“俭之一字，其益有三，安分于己，无求于人，可以养廉；减我身心之奉，以周极苦之人，可以广德；忍不足于目前，留有余于他日，可以福后”（陈宏谋《训俗遗规》）。节俭对于个体而言，可以增益德性，如果节俭自成德性，则可以养廉，可以养德，可以造福后代。由此看来，勤俭是人的一种道德修养，通过节俭的各种具体行为促进人的道德的完善。有学者对此给予评价，认为勤劳节俭作为古时的一种美德，不但具有外在价值，即可保证物质财富积累更加充足，更重要的是具备精神价值，即可有效促进健全人格形成，进而为德与富提供精神之源。[①]

勤与俭紧密相连，不可分离。勤为开源，增加财富；俭为节流，积累财富。不勤劳则没有收入，不节俭则会造成不必要的浪费。勤俭的原则是量入为出，“农工商贾，各安本分，务凡事量入以为出，每岁十分留二三，以备不虞，毋争虚体而多闲费，此中等之家理财之法也”（陈宏谋《训俗遗规》）。对于童蒙的启蒙教育，在家庭生活的种种具体事务中完成。治家的勤与俭，是治生的一体两面。勤为治生之本，只有勤奋，才能创造更多财富；俭是重要手段，只有节俭，量入为出，才能以备不虞，家业兴旺。虽然儒家传统是重义轻利，不主张过于追求物欲利益，但也并未否定追求合理物质利益的正当性。

家训中还有不少训诫列举反面例子教育子女奢靡带来的危害。勤俭既可以养家又可以养德，而懒惰与奢靡则会导致家败与德丧。司马光曾论述过俭和奢的辩证关系：“夫俭则寡欲，君子寡欲，则不役于物，可以直道而行；小人寡欲，则能谨身节用，远罪丰家。……侈则多欲，君子多欲，则贪慕富贵，枉道速祸；小人多欲，则多求妄用，丧身败家。是以居官必贿，居乡必盗”（司马光《训俭示康》）。司马光的论述直接把节俭与否作为君子与小人的分界，因此可以看到节俭与道德修养又紧密相连。俭则寡欲，不被外物所役使，即达到我们所追求的直道而行的境界。小人多欲则易被

① 唐凯麟，张怀承：《成人与成圣——儒家伦理道德精粹》，长沙：湖南大学出版社 2003 年版，第 217 页。

物欲所惑，不仅修养有亏，且因欲壑难填，易取不义之财，导致丧身败家。正因如此，崇尚节俭是历代家训不变的主题，家训的撰写者极力反对懒惰和奢靡，但是节俭也要有度，过度与不及都不符合儒家的中庸之道。吝啬与奢侈都与节俭相对应，既不吝啬也不奢侈，即为节俭。所以节俭实际上也是一种中庸之道。该用即用，称之为节俭，该用时不用，就称之为悭吝了。合义而用，不为奢侈，是为节俭；不合义不用，非为吝啬，是为节俭。但不合义而用，则为奢靡；合义少用或不用，则为悭吝。所以，节俭须把握好“义”这个度，该用就毫不犹豫地用，不该用则义无反顾地弃之不用。是否合“义”是判断节俭与否的唯一标准。

在家训中，节俭更多地指向消费环节的节俭，这是在小农经济条件下，社会物质财富不丰富的情况下所应遵守的规则，是一种被动消极的节俭。明清之际，随着商品经济的发展，节俭的观念也有了变化。从长远来说，要倡导适当地节俭，以便于个人和家庭的再生产，但也要适当地消费，以便于整个社会经济的良性循环。明清之际有变动的不仅是节俭的观念，还有治生的观念。治生也是治家的一个方面，包括家庭财产的获得、合理分配和使用。传统儒家思想的职业设定是“士农工商”，士是首选。然而在明清之时，耕读虽是首选职业，但亦可“农工商贾，无可不为”，治生的方式多元，既可耕读，亦可经商，也可习业农桑，总体主旨就是通过治生从而实现自立。也就是说，知识分子既可“谋道”，也亦“谋食”，谋食与谋道并行不悖，同保家风不坠。

第四节　个案研究：《颜氏家训》的道德养成思想

《颜氏家训》成书于南北朝时期，为颜之推所著，是我国仕宦家训的成熟之作。《颜氏家训》本是颜之推为"提撕子孙"而作此篇，本意是为家族子弟的成长成材而作，又因其内容充实、篇章完整且又规范具体便于操作，无论在当时还是后世，都产生了深远影响。袁采的《袁氏世范》、朱熹的《童蒙须知》及《小学》、陈宏谋的《养正遗规》，在编写体例和方法上无不受了《颜氏家训》的影响。《颜氏家训》从"序致篇"始，到"终制篇"止，共二十篇，涉及到家庭生活的诸多方面，以教子、齐家、治家、勉学、涉务等为主要内容，阐述他对家庭教育方方面面的见解和对子孙的规诫。在家庭教育中养成子孙后代的道德品质，显亲扬名光耀门楣，这是《颜氏家训》的主旨。《颜氏家训》以"性三品论"立论，强调家庭教育的重要性，通过具体规范的详细规定告诫子弟养成之法，及早施教、寓教于爱，以言传身教之则养成子弟追慕的圣贤人格。

其一，家庭教育是道德养成的重要环节。家庭教育与学校教育及社会教育并列，甫有家庭即有家庭教育，家庭教育更早于学校教育。如果说以蒙书为代表的启蒙教育更多是学校教育与社会教育，那么家训和女训代表的则是家庭教育。家庭是童蒙最重要的生活场所，也是其开始接受教育的起点。父母是童蒙接触最早的老师，父母与子女的关系是最重要的人伦关系。在《颜氏家训》中，颜氏充分肯定了家庭教育的重要作用，"童言而信，信其所亲；同命而行，行其所服。禁童子之暴谑，则师友之诫，不如傅婢之指挥；止凡人之斗阋，则尧舜之道，不如寡妻之诲谕"(《序致》)。傅婢、寡妻与孩子共同生活在同一家庭中，朝夕相处培养出感情，关系密切易于施教，这是教育儿童不可多得的条件。父母是子女的第一任启蒙师长，与子女之间本身基于血缘关系有父子之亲，既可以增加教育的感染力为子女所信，又因其长者权威所教为子女所服。颜氏还以自身从小所受教育立论，自证家庭教育的重要性。他自述在少年时受过"铭肌镂骨"的教训，在"龆龀"之龄，即开始接受"整密"

家风之教。[1] 但九岁失怙，长兄“有仁无威，导示不切”，慈爱有余严求不足，又沾染社会流习，以致言语轻率，不修边幅。及至十八九岁之时，想要砥砺自求上进，但“习若自然，卒难洗荡”，难以短时间予以更改。颜氏认为之所以会如此反复，“夜觉晓非，今悔昨非”，都是因为缺少了良好且严格的家教。

良好的家庭教育也有教育时机的问题。颜氏认为家教要勿失先机，教育一定要及早进行。早教甚而可以推始于“胎教”之时，家训中引证圣王曾有胎教之法，“以礼节之”，力证胎教之重要。“胎教”对于“凡庶”之家来说，毕竟难以实现，更遑论如成王那样襁褓之时所受的“保傅之交”。因此，在《教子篇》中，颜氏认为应当教子“当及婴稚”，在婴儿能够识别大人脸色，懂得喜怒等情绪时，就应当加以教育训诫。儿童幼时，知欲未开，具有很大可塑性，经过教诲，可以“使为则为，使止则止”，举止有序，不必等到长成以后，“思虑散逸”，不好教诲。动静得当，行为有度，如此一来，“比及数岁，可省笞罚”(《教子》)。抓住“人生幼小”之时，“精神专利”之机，及时进行教育，可收到事半功倍的效果。不然的话，如若孩子已然“骄慢已习”，再怒而相向，父母与子女之间怨恨日增，情绪对立，造成亲子关系不睦。少而不教，“逮于成长，终为败德”，不仅没有培养出良好道德品质，而且还造成父母与子女关系的紧张，甚而会影响整个家族的威望与声誉。因此，颜氏重视家庭教育，重视教育的良机，趁子女幼小而教诲，从而实现最佳的教育效果。

其二，守道崇德，通过日常生活的行为规范养成道德人格。及早施教抓住道德养成的关键时机，而守道崇德重视道德行为的日常训练则是道德养成的核心。家庭教育的内容可以是诸多方面的，但道德教育无疑是首要的根本教育。“德为教本”，家庭教育要

---

① 参见《颜氏家训·序致》：“吾家风教，素为整密，昔在龆龀，便蒙诲诱”。

以道德教育为根本为基础。因此，家庭教育首先要教育子女的是如何做人，也就是要教育子女如何为人处世、待人接物，成为有道德之人，成为“国之有用之材”。

颜之推信奉儒学，出入佛老，不好“玄学”，这些思想在他所著的这本家训均有所体现。“玄学”无益于“济世成俗”，且因空谈不尚实务致使贵族子弟多无学术；因出入佛老，认为佛教与儒家思想本为一体；至于道教，在《养生篇》中他对神仙也是持相信的态度。这种思想的杂糅也是魏晋南北朝时期三派思想合流态势的反映。颜氏信奉儒学，人性问题秉持“性三品”说，这是他家庭教育思想的理论基础。在《教子篇》中，他认为“上智不教而成，下愚虽教无益，中庸之人，不教不知也”。拥有上品之性的人，不需要教，因为他本性澄明而能自成；拥有下愚之性的人，不必要教，愚不可及教也是徒劳；拥有中品之性的人，才是我们施教的对象，是尚待教化而能成其品性之人。孔子曾说过“唯上智与下愚不移”，二者颇有异曲同工之妙。既然拥有中品之性的人是可以教的，那就要教之以义方，教之以正道。因为如果不教，他们就不能自行了悟，自成有德之人，因此，对他们进行教育势在必行。以“性三品”人性观立论，颜之推将他的家庭教育贯彻到日常生活的具体环节之中。

如何使子孙们导习“仁孝礼义”(《教子》)，“务先王之道，绍家世之业”(《勉学》)，实现“修齐治平”的道德理想与政治理想，在《颜氏家训》的《教子》《兄弟》《后娶》《治家》《风操》《慕贤》《勉学》等篇章中，颜氏予以了回答。在人伦关系的处理上，颜氏认为“夫妇”“父子”“兄弟”为人伦之重，所望者无非和睦，这亦是齐家之道。“兄弟者，分形连气之人也”(《兄弟》)，是血脉相连长于一室的至亲，尤其是父母身殁之后，“当如形之与影，声之与响”，同气连枝。如果兄弟不相和睦，则对后辈子孙的影响极为恶劣，“兄弟不睦，则子侄不爱；子侄不爱，则群从疏薄；群从疏薄，则僮仆为仇敌矣”

(《兄弟》)。兄弟关系基于血缘亲情，处理之道以亲情感化。在《后娶》篇中，颜氏以具体的事例告诫子孙在“后妻”问题上要“慎之”，如果处理不好就会“离间骨肉”，出现“门户之祸”。

齐家之要在“和”，治家之要在“俭”。在《治家》篇中，颜氏引用孔子之语，“奢则不孙，俭则固。与其不孙也，宁固”，强调节俭对于家庭兴旺存续的重要。正如孔子所言，奢侈的人容易不谦逊，节俭的人容易太过朴素而显得寒酸。与其显得不谦逊，不如寒酸一点罢了。颜氏强调“俭”，因为只有节俭才能“守其业”。“江南”和“北土”有不同风俗，但因“北土”能够“躬俭节用”，所以衣食富足。而“江南奢侈”，多数人家比不上北方的生活。同时，颜氏还通过具体的例子解释“俭”并不是“吝”，“节俭”有度，不过分俭省而陷入悭吝的境地。需要特别指出的是，颜氏不仅要求子孙读书“增益德行”，同时也要求子孙“会当有业”，学习各种技艺，“农商工贾”“各有先达”，所以应当“博学求之”。在当时士族文化兴盛时期，颜氏要求子孙学习各种“薄技”，确实是难能可贵。

至于子孙个人道德习惯的养成，则更要在日常小事、琐事上严格要求，时时处处“规行矩步，安辞定色”(《序致》)。“借人典籍，皆须爱护，先有缺坏，就为科治”(《治家》)，借了别人的典籍，应该小心爱护，如果有了损坏，应当自己先行修护，这也是士大夫品质养成的要求。“凡有一言一行，取于人者，皆显称之，不可窃人之美，以为己力”(《慕贤》)，有所取于别人，要坦诚承认，不能贪他人之功为己所有。在交朋友的问题上，颜氏认为“慎交游”。朋友一伦在传统社会中是五伦之一，也是很重要的人伦关系。朋友之于个人，是除父母兄弟之外很重要的助益。“无友不如己者”，学习朋友的优点与长处，结交对自己砥砺品行有所助益的朋友。朋友之间的熏渍陶染，潜移默化影响彼此。因此，四海之内，结交的朋友，一定也是志同道合才可以，“必有志均义敌，令终如始者，方可议之”

(《风操》)。

其三,严慈相济、寓教于爱,遵循道德养成的原则。教不仅有教育的时机即早教与晚教的问题,教也有教育的原则即严教和慈教的问题。“慈者,父母之高行也”(《管子·形势解》),慈爱是为人父母最高的德行。在家庭关系中,父母双亲与子女之间的关系是最基本的伦理关系。对于父母而言,基本的伦理模式是严父慈母,有时慈也成为父母共同的伦理规范。父母与子女之间的关系具有特殊性,是具有血缘关系的人伦关系。慈是基于亲子之间浓厚的天然血亲之爱的道德规范,亲子之爱是仁之本,是儒家伦理道德生发的原点。由父子之爱可以推之于外,由己及人,幼吾幼以及人之幼。严慈相济的教育原则其实质是寓爱于教。

在家庭关系中,父母对子女而言,其伦理要求主要表现为养、教、爱。即父母要养育子女,要爱而有方,同时也要教以成人。而子女对父母的伦理规范主要是孝,孝的具体表现就是必养且敬、无违于礼、微谏、养体、养志、立身扬名,奉养父母。子女以礼事亲,父母有过错时委婉劝谏,身体发肤受之父母要保全自己身体,同时也要立身扬名以显父母等。即所谓的“始于事亲,中于事君,终于立身”,这是子女对父母尽“孝”的具体表达。正是基于父母与子女的天然亲情关系,因此在教育时,颜氏认为应当威严而有慈,这样子女才能“畏慎而生孝”。父母庄重且有威严,必“不可以狎”,否则容易“狎则怠慢生焉”(《教子》),子女产生轻慢之心,无视父母权威而胡作非为。父母慈爱而有度,定“不可以简”,不然就会“慈孝不接”,父母做不到慈爱有度,子女也难做到孝心孝行。孟子曾说过“易子而教”,也是在说家庭教育之难为。其难为之处也正在于父母与子女之间的亲情问题。太过威严,父子不亲甚至怒目相向。太过溺爱,子女轻慢父母有失威严。亲子教育的关键还是在于“度”的把握,如何威严而有慈爱。对子女的教养,既要饮食满足促其成长，更要在品行上多加磨砺，助其成人。一味迁就溺爱，其后果只会使子女“败德”，无所作为。无论是对子女的溺爱还是偏爱，其实都是父母放弃了对子女的教育，养而不教，是父母之过失，贻害子女同时也会贻羞于家族。

此外，在《颜氏家训》之中，颜之推还提出了道德养成行之有效的方法，比如教育子女“慎于交游”，强调环境习染的重要性。童蒙习性未定，易于塑造，所以要特别注意环境对孩子的风化陶染。周围环境的好坏直接影响童蒙品性的养成，《慕贤篇》中有论述，“与善人居，如入芝兰之室”，与品性端庄的人相处，就像是住在芝兰芬芳的屋子；“久而自芳也”，时间久了自己也能品性端庄。与之相反，“与恶人居，如入鲍鱼之肆”，与品性不端的人相处，就如同住在臭气污浊的屋子里，慢慢地自己也沾染了坏的习性。因此，教育子女要特别注意“慎游”“择处”。孔子曾言“里仁为美”，选择住在有仁德之风的地方，这本身就是有智慧的表现。教育子女也要因材施教，针对不同孩子的特点施以不同的教育内容。在《勉学篇》中，颜之推有详细的论述，如“素骄奢者”即一贯骄傲奢侈的，要教育他看到古人如何恭敬节俭，谦卑养德，“欲其观古人之恭俭节用，卑以自牧”；“素鄙吝者”即一贯鄙薄吝啬的，“欲其观古人之贵义轻财，少私寡欲”，教育他要看到古人是如何仗义疏财，少私寡欲；“素暴悍者”即一贯逞勇斗狠的，要教育他看到古人如何小心谨慎贬抑自己；而对于“素怯懦者”，一贯怯懦的，要教育他坚毅果敢、奋勇有为。有针对性地教育子女，这也是基于对子女的了解和对教育规律的把握。

《颜氏家训》的道德养成思想重视家风家教，提出颇具特色的家庭教育原则及切实可行的教育方法，在具体的日常活动中规范子女言行，在今天依然有其借鉴意义。教子宜趁早，而且一定不能爱而不教，教也要因人而异、因材施教，对当今的儿童教育来说，不失其合理性。还应指出的是,《颜氏家训》的出现,开始把自汉代以来处于上层经学和精英文化层面的儒学引向了深层,为儒家文化世俗化或民间化创造了一种有效的形式。[①] 自此以后,宋明清之际,帝王家训、仕宦家训、平民家训都有了代表作,蒙学读物也大量产生,普及了儒家文化的世俗化。所以《颜氏家训》被推为"古今家训,以此为祖",正是充分肯定了它在儒学世俗化过程中的地位。

① 朱贻庭主编:《中国传统伦理思想史》,上海:华东师范大学出版社 2003 年版,第 291 页。

第四章

依附与顺从：传统女训中的道德养成

女训是针对妇女的教育专书，在《中国丛书综录》中，女训则与帝范、家训、蒙学、乡约并列，属于“儒家类·礼教之属”。一般而言，女训从属于家训，属于家庭内部的教育。但就女训所教化的对象这一个角度来看，女训亦可与家训并列而自成体系。女训的受教对象是女性，在强调人伦纲常的宗法社会，在教化的目标与宗旨上都与对男性的教化有所不同。家庭教育抑或学校教育，对男性的希冀均指向德业与事功，指向修齐治平的政治理想。正如《大学》开宗明义指出“大学”教育的宗旨和目标是“明德”“亲民”“止于至善”。对于女性的道德教化，则是希望养成女性“贤妻良母”的道德品格，服膺于礼法纲常的规训。

传统社会中，对女子的道德教化必不可少。陈宏谋在《教女遗规·序》中强调对女子进行教化的重要性，“王化始于闺门，家人利在女贞”，无论是对于国家的整个风化来说还是对于家庭的声誉而言，对女子进行道德教化具有重要意义。因为女子“在家为女，出嫁为妇，生子为母”，一生需要承担诸多角色，每一个角色都具有与之相应的道德规范。“有贤女然后有贤妇”，在家为贤女才能出嫁为贤妇；“有贤妇然后有贤母”，嫁为人妇要成为贤妻，还要成为良母；“有贤母然后有贤子孙”，贤妻良母侍奉舅姑，教导子孙，兴旺家门。一个角色连着一个角色，女性在家庭中的作用不可谓不重要，对女性的道德规约也就势在必行。

对女性的教育并没有固定的制度，社会上亦不设女校，然而对女性的教育尤其是道德教育还是存在的。以明清为例，很多贵族、官宦等上层家庭中的女子开始接受广泛的文化教育，至少一般上层家庭中的女子也可以受到启蒙教育。对此明代于镇僭撰写的《于氏家训》进行了详细介绍，如在“训男女”教育中便规定，无论男童还是女童，只要到了五六周岁，就应通过开启心智、提高知觉来促进其良知良能的培育。若是男童，可采取入私塾就读的教育形式，就学内容涵盖《小学》《少仪》《曲礼》《弟子职》《内则》等，主要是倡导孝亲、明伦、悌长、敬身等良好行为的道德养成。对于女童的启蒙，虽是“令其不出闺门”，但仍可教授“《小学》《列女传》《内则》”诸篇，主要是一些倡导贞烈、孝姑、敬夫教子、家庭纺绩等的内容。[①]从这些记载来看，当时即使是上层贵族与官宦之家的女孩，也必须在严守“不出闺门”传统礼法的前提下，才可以接受启蒙教育，更不用说其他社会阶层的女子要接受教育何其艰难。

女训作为对女性进行启蒙教育的专书，其宗旨是与儒家的道德教化一以贯之的。“女子七岁教之以‘四德’，其母仪之道如此”（《女孝经》）。立足女性启蒙专书的教化重点来看，主要是灌输封建礼仪与伦理道德观念中的“遵三从”“行四德”“习礼仪”等内容。儒家要求严辨男女之别，因为夫妇关系是人伦关系之始，只有夫妇关系合宜正当，父子关系与君臣关系才能“有所措”。儒家强调更要严守男女之大防，“内外各处，男女异群”，“男非眷属，莫与通名”（《女论语》）。男女各有名分，名分有定，各安本分，因此对男女就

① 转引自郭英德：《明清女子文学启蒙教育述论》，北京师范大学学报（社会科学版）2007年第4期。

提出不同的道德规范要求。男女之“别”不仅是自然性别的差异，更是一系列社会分工和社会地位的不同。男外女内、男尊女卑，从经济上的男耕女织到政治上的男权制度，无不昭示着男性在社会中拥有绝对的话语权。女性终其一生，伏于人，从于人，“幼从父兄，嫁从夫，夫死从子”，因而在人格上就是卑弱顺从的依附人格。“三从”之下，对女性的行为规范进行道德评价，又衍生出“四德”之礼法。

第一节　男尊女卑：女性道德养成的价值预设

启蒙教育中对女性的道德养成以“男女有别”为理论起点，以“男尊女卑”为价值预设，以“三从四德”为核心内容，通过一系列道德教化活动的实施，将女性养成宗法社会所希冀的人格。男女有别是以男女两性的性别差异为依据的。在男权制的传统社会中，由男女有别又衍生出一系列差异，包括角色期待、价值评判、劳动分工以及社会地位等。男耕女织的分工模式决定了女性在经济上的劣势地位，男外女内、男主女从、男尊女卑也就是这种男女有别的逻辑推演的结果。

一、男女有别：人伦之始

传统启蒙教育浸润在传统文化中，因此传统文化的价值取向就是启蒙教育的价值取向。男女有别的形而上学的理论依据是阴阳五行学说，形上学的理论论证是为男尊女卑的价值观寻找天道观的支撑。在中国传统文化中，男-女是一组基本的二元对立范畴，与此相关联的是一系列相互对立的范畴，如：阳-阴、尊-卑、外-

内、主-从、强-弱、刚-柔、右-左、公-私等等。这些二元对立的范畴规范着男女两性的地位、身份以及活动等，并且由此构建起传统教育的基本价值取向——男女有别。

男女有别的初衷是对当时比较混乱的男女关系加以调整，从而维护父系血统的纯洁以及社会秩序的稳定。男女有别之所以受到重视，一个很重要的原因是春秋战国时期仍有原始婚俗的遗迹，整个社会的男女关系仍然比较混乱，这样的婚姻关系不仅严重危及到当时各国的政治安定，还给社会有序运行带来风险因素。另外一个原因则是宗法制度式微，社会的基本单位由宗族过渡到个体家庭，个体家庭的伦理纲常是否和谐则直接影响国家社稷是否长治久安。在家庭中，最基本的关系即依托夫妇关系而形成，因此男女责任与义务的尊卑高下适应了社会有序运行的需要，在这种背景下，夫妇关系往往被列为伦理道德的核心内容。对于"男女有别"的重要性，儒家典籍对此都有过论述，如在《礼记・郊特牲》中就有"男女有别，然后父子亲，父子亲然后义生，义生然后礼作，礼作然后万物安"等记载。男女有别尤为重要的功能在于，它可以充分保证父子血亲关系纯洁，让血缘线与继承线联袂衔接，进而实现对宗法血缘制度合法地位的有效维护。此外男女有别显然与保证政局稳定紧密相关，即男女关系尤其是夫妻关系是否正当合礼，不仅关系到家庭和睦等问题，还关系到社会和谐等大问题。夫妇关系是人伦之始，"男女居室，人之大伦也"（《孟子・万章上》），并且在国与家同构的传统社会，它又是等级制度的起点，"男女有别，而后夫妇有义，夫妇有义，而后父子有亲，而后君臣有正"（《礼记・婚义》）。《易传・虚卦》也有类似表达，即其所阐述的"有天地然后有万物，有万物然后有男女，有男女然后有夫妇，有夫妇然后有父子，有父子然后有君臣，有君臣然后有上下，有上下然后礼义有所措"等家国同构的理念。男女有别要用"礼"来规范保证其正，"夫妇之道，不可不正也，君臣父子之本也”（《荀子·大略》）。正本清源，从人伦之始即要以“礼”规之，各安其分，各尊其德。

“男女有别”初为辨别男女以及强调男女关系的正当，此时还未涉及到贞节问题。儒家把对“男女有别”的规范要求化为一系列礼制条文的制定，经过秦汉思想家的发展，男女有别逐渐严格化，不仅体现在“男子居外，女子居内”，还体现为“深宫固门，阍寺守之，男不入，女不出”等严格要求（《礼记·内则》）。到了宋代中后期，儒学家们不再专注于对礼经的诠释，而侧重于对封建礼制进行理解和发挥，对现实人生和统治制度进行理论探讨，他们在合理继承先贤“男女有别”理念的同时，还将“男女有别”与“贞节”理念相联系。如果说在先秦时期儒家所倡导的“男女有别”体现的是社会不断进化趋势，那么宋代理学家对贞节理念的强调及倡导，则体现出当时社会意识形态正不断走向宗教化、呆板化。宋朝之时，女性的“贞节”与臣子的“尽忠”相对应，这样一来，“烈女不事二夫”与“忠臣不事二主”就具有了同等的伦理地位。

“男女有别”之“别”本来是以男女两性的性别差异为依据，但在此基础上又衍生出各种类型的差异，包括角色期待、价值评判、劳动分工以及社会地位等。在每一类差别中，男性都处于更优越的地位。有关这种优越地位的描述最早可追溯到《诗经》。《诗经·斯干》中描述：乃生男子，载寝之床，载衣之裳，载弄之璋，其泣喤喤，朱芾斯皇，室家君王。乃生女子，载寝之地，载衣之裼，载弄之瓦，无非无议，唯酒食是议，无父母贻罹。后来人们对这种习俗予以进一步解释，指出古者生女三日，要“卧之床下，弄之瓦砖，而斋告焉”。而且还要“明其卑弱，主下人也”，并提出很多严格要求（班昭《女诫》）。男女两性的差别以及尊卑与其生理性别紧密相连，但又不止于此。男性比女性拥有更优越的地位，同时也被寄予更高的期望。

二、男尊女卑：阴阳之道

传统社会中“男女之别”“别”在于其生理性别，由此又衍生出一系列社会分工以及社会地位等方面的差别，这些差别最后导致了男尊女卑与男主女从社会秩序的形成。

所谓男尊女卑，主要指的是男人在社会、宗族以及家族中处于尊贵位置，而女性则处在受男人支配的地位。男子有独立人格与尊严，女子相对而言则无独立的人格与尊严。传统社会是男权制，男权制的主要表现是父兄家长制，即将家庭成员划分为家长、家属两个地位层级，在这个体系中，男性长者担任家长。父兄家长制遵循“祖在则祖为家长，父在则父为家长”的基本原则，如果家中“祖”与“父”均已不在，则由家族中嫡长子担任家长，遵循“长兄为父”的理念。家长在家庭中掌控财务支出、利益分配、家务管理、人员控制等权力，其他家庭成员不可超越。在这种制度的长期影响之下，我国古代家庭关系呈现出金字塔式的等级态势，即必须遵循男尊女卑、父为子纲、夫为妻纲以及嫡庶长幼有序等原则。

儒家通过一系列的礼法规定，对男尊女卑理念实施予以全面的制度保证。如在《礼记》之中，就对祭祀、奔丧、居丧、配偶、结婚、离婚、德行等诸方面进行了细化规定，比如居丧，他们认为父恩深厚，要斩衰三年之久。相对而言，母恩薄淡，所以只要服丧齐衰一年足矣，以此来体现出家无二尊的观念，类比于国无二君的理论表述。祭祀同理，“夫不衰妻”(《礼记・曲礼》)，丈夫配享的祭祀规格不能低于妻子。就配偶而言，《礼记》中规定男子可以多妻，但女子不可多夫。对于女子的规训，更有“七出”的规定体现出女子地位卑下。“七出”是传统社会对女子的惩罚措施，即妇女在以下七种情况下会被休弃，涵盖了不顺父母、淫、妒、无子、有恶疾、多言以及窃盗等各种情形(《大戴礼记·本命》)。"七出"的规定是"男尊女卑"价值观指导下女性地位的直接体现,女性的卑弱不是自甘卑弱,而是价值观倡导下对礼法制度规训的服膺。

我国古代的哲学家和政治家又将这种基于生理性别的男女之别理论化。汉代董仲舒从阴阳五行学说出发,提出了神秘主义的阳尊阴卑理论。"阴阳之道"本是《易传》中的思想,蕴含着朴素的辩证法。"阳尊阴卑"思想也是《易传》中论证阴阳之间关系而提出,但二者之间是辩证的对立统一,并不是一成不变不会相互转化。但到了董仲舒那里,"阴"和"阳"只是两个概念而已,填进这个论证模式的是他对封建伦理道德规范的论证。他认为天有阴阳,人是天的副本,人有男女两性,而"君臣、父子、夫妇之义,皆取诸阴阳之道"。为了维护君、父、夫的绝对权威,董仲舒提出了"君为阳,臣为阴;父为阳,子为阴;夫为阳,妻为阴"(《春秋繁露·基义》),规定了各自的阴阳属性。同时,董仲舒又论证"阴者阳之助也,阳者岁之主也",具有"阴"属性的道德主体是作为具有"阳"属性的道德个体的辅助而存在,自身并无"专起",不能"独行","阴道无所独行,其始不得专起,其终也不得分功",从而以阴阳学说论证男主女从的性别格局。在董仲舒的理论论证之下,阴阳之间只是形而上学的对立,不会有同一性。"阳"永远是尊、贵,"阴"永远是卑、贱,"诸在上者皆为其下阳,诸在下者皆为其上阴"(《春秋繁露·阳尊阴卑》),片面强调阳的主导作用,而阴在"阴阳之道"中只能是无条件服从。董仲舒为男尊女卑所做的论证是基于维护封建伦理纲常,需要有更强大的形而上学依据,所以董仲舒把男尊女卑的道德规范推到"天"那里,天的意志决定了人伦的尊卑高下。

因此自汉代以后,男尊女卑成为中国封建宗法等级体制的主绳之一,规训和塑造着中国男女两性的社会角色。男女有别、男尊女卑对男女两性最深刻的影响,就是导致男女两性角色和地位的差别，尤其是在司法、政治、经济、军事等领域以及权力较为集中的社会层面，还要限制女性从事此类工作，“家庭、炉灶边和孩子等私人领域则被认为是最适于妇女的领域”。[①] 在传统社会中，男女性别的这种分工就是男耕女织的模式，这一模式虽有出于自然条件以及男女两性的生理条件的考虑，但沿袭两千多年，显然有超出两性生理差异的经济基石，它正是国家层面倡导的差序格局价值观。

男外女内、男耕女织，在这个模式中，男女两性一主一附的地位高下立现。这样的模式，使得男性占有生产资料和生产成果的支配权，因为农业生产的收入是农民家庭收入的主要部分，而家庭中的手工业产品售得的收入只是聊补日常开支之不足。男性家长在家庭中的权力和统治由此奠定，代表着拥有绝对的支配权，许慎《说文解字》中对“父”的解释就是“矩也，家长率教者，从又举仗”，意味深长。男耕女织的社会分工模式，使男女两性分置不同的社会角色，人格意义上的男尊女卑也因有经济及政治上的支持而长期存在。女性卑弱顺从人格的形成是儒家思想对女性理想人格设定的结果。

第二节　三从四德：女性道德养成的核心内容

“明人伦”是儒家进行道德教育的目的，所谓“明人伦”就是通过教育使人通晓人伦次序，成就德性，以人伦道德使人区别于禽兽，同时养成个体对名分的道德自觉。儒家对人伦秩序中两性关系的道德规约，从男女关系开始，而后推及夫妇。男尊女卑、夫为

① 杜芳琴，王政：《中国历史中的妇女与性别》，天津：天津人民出版社 2004 年版，第 417—506 页。

妻纲，这是儒家对男女关系的基本格调。在男尊女卑的总体设计下，“三从四德”就表现为对女性应遵守之道德规范的具体要求。在传统社会中，对女性的道德教化是与启蒙教育同时进行。对女性进行道德教育与启蒙教育，有其专书，特为女性编写，这类读物统称为女训。

一、女训及其教化之法

在中国历史上，自先秦的《礼记·内则》始，到汉代班昭撰著《女诫》一书，各代均编撰有女训专书，较为经典的有《女论语》（唐代）、《女孝经》（唐代）、《世范》《家范》（宋代）、《女儿经》《温氏母训》《内训》《闺范》（明代）、《教女遗规》《女学》（清代）等。女训读本有其成书的背景与发展历史，仅仅是被后人广泛流传的经典名作就有三十多篇。这些女训名篇成为我国古代对女性进行启蒙教育的礼教规范和言行准则。立足女性道德养成的视角，女训主要涵盖两个大类：其一，以汉代经学家刘向撰著的《烈女传》为代表的故事类女训，这类女训着重对我国历代女子孝贤贞善或祸国妒恶等方面的故事进行全面记载，以便警示提醒后人；其二，以东汉班昭撰著的《女诫》为代表的女训，此类女训的主要目的是提升女性群体的道德品格，教化出理想的道德品质，从而可以有效维护宗族的名誉。就对女性的道德训诫而言，无论是故事类女训抑或道德规训类女训，其出发点与最后的归宿都是以礼教纲常教化女性。以刘向所著的《烈女传》来说，此书从儒教的立场出发，以对女子的规训为着重点，将自尧舜时期之后历朝历代的一些典型女性列传记载，并且依据母仪、贤明、贞慎、仁智、节义、变通、嬖孽等七大卷目进行分类，对后世产生了重要的影响。明末王相（字晋升）集录自己母亲的训言而成《女范捷录》，此书与《女诫》《女论语》以及《内训》并列，后世合编为“女四书”。我国古代的女训名篇众多，且各具特色，但最为重要的当属《女诫》《女论语》以及《女儿经》等。

《女诫》是东汉时期班昭所著女训书，全文一千六百字，从男尊女卑的立场，分别设立夫妇、卑弱、妇行、敬慎、专心、曲从与叔妹等七章篇目，全面解释妇德、妇言、妇容与妇功等四德之义的内容。《女诫》在我国女训著作中具有极高的代表性，可以说影响了后来二千多年的中国女性观。《女论语》为唐代宋若华所著，其妹宋若昭注释。《女论语》是四句式的韵文，共列有十二个章目，涵盖立身、事父母、事舅姑、事夫、学作、早起、学礼、训男女、和柔、守节、营家、待客等事项。《女论语》同样以男尊女卑、三从四德的思想为核心价值，但与《女诫》一书相较，在内容上更加具体、详细，且在整体思想上趋于平和，并将很多女性修养过程中的合理因素融入其中。《女论语》受到佛教较大的影响，内容上融入佛教的轮回转世等思想，形式上也借鉴宗教的教义、戒律的形式，使唐代女训的撰写更加具体化、规范化。至于《女儿经》这部女训专书，目前尚没有考证出编撰者为何人，所能考知的是此书大约成型于明代，并经后世的各个朝代增删、完善，广泛流传于民间。《女儿经》以俗语、格言为主，押韵对仗，读起来朗朗上口，影响广泛。尤其值得一提的是，此书流传多个版本，如明万历天启年间由赵南星加注后所刊印的版本，天津等地区流传的《裘氏女儿经》高氏版本，清同治年间由贺瑞麟订正后刊印的版本，以及清光绪年间由屯溪聚文堂校正刊印的版本等。各版本均涵盖大纲、细目、广义等内容细目，如在大纲中所列的“四德”题目，在“细目”中分别阐述，在“合总”中再次归纳总结“四德”。而在“广义”这个部分，则主要是对古今贤德、贞烈以及反面的女性恶行及罪德等进行列举。宣扬“三从四德”的封建节烈观和价值观是女训不可或缺的核心内容，但女训中并非完全是纲常礼教不合时宜的内容，“打公骂婆人人恨”、“父母面前要孝顺”等道德规范有其合理性，可供今人借鉴参考。

女训虽从属于家训，但因其受教对象为女性，在教育方法上既有别于一般的童蒙教育，也不同于以子侄为主要对象的家训家书。女训自有独特的道德教化之法，一般而言，大致有如下概括：其一，采取上以导下、内以表外的教育方式。这种方式是统治者自上而下推行道德教化的方式。我国古代的女子教化活动一般要在女子成长到十周岁之后，以母亲在家庭中口耳相传为主要方式，采取的主要是家教中的母教之法，所授内容并未形诸文字，代代口耳相传。明成祖徐皇后认为女子教化要有形诸于文字的内容，上位者重视对女子的道德教化，统治者推行女子教育，就应当编撰女子教育适用的课本，采取"上以导下，内以表外"的教育方式，这样才能促进良好民风民俗的形成。所以她编撰《内则》，提出了"以率六宫诸侯之夫人以至士庶人之妻皆敦节俭以率其家，然后民无冻馁，礼义可兴，风化可纪矣"等教育理念。其二，父子兄弟陈述。父子兄弟陈述的方式是家庭教育比较常见的方式。传统社会女子读书识字的毕竟是少数，对于不识字的女子，一般是由其父子或兄弟进行陈述以便帮助其了解各种礼节。这种教育方式被清代文人陈宏谋极力推崇，据《教女遗规》所载，"女教之所系，盖綦重矣。或者疑女子知书者少，非文字之所能教，而弄笔墨工文词者，有时反为女德之累"，女子无才不识文字不为女德所累，但也因此不能自行读书受教，因此由父子兄弟代为讲解，阐发义理。"女子具有性慧，纵不能经史贯通，间亦粗知文义，即至村姑里妇，未尽识字，而闺门之内，父子兄弟为之陈述故事，讲说遗文，亦必有心领神会随事感发之处"，通过父子兄弟对历代孝女贤妇类故事的讲述及伦理道德的阐发，能够心领神会，获得教化。后来这种教育形式便从家庭逐渐推广到乡、邑范围，并收到"孰非教之所可及乎"的成效。其三，观感而效法。陈宏谋在《教女遗规》中说，一般的家庭教育中，父母对女儿进行的教育与引导，往往是“于起居服食之间加意体恤”，但所言所教的内容不过是“教针黹”与“备妆奁而已”，涉及的也就是女工及饮食起居而已，对于性情嗜好是否偏颇、言行举止是否合于“古谊”等方面的内容很少涉及。对此他认为，作为女子的父母，要重视对女子教育，不能把女性道德的养成认为是自然而然的过程，是不需要教就能“若有固然”。天下没有不可以教的人，也没有可以不教就能自然成就德性的人。所以陈宏谋认为父母在平时即应“以格言至论、可法可诫之事日陈于前，使之观感而效法”，即通过对女子进行嘉言善行的讲述，让她们通过观感而能效仿前人。这样的方式方法，陈宏谋认为对于女子教化的德行之助，裨益极大。

对于女子的教育，应及早施教。如司马光认为“女子六岁，始习女工之小者”(陈宏谋《教女遗规》卷中)，然后随着年龄增长，以儒家经典进行教育，“七岁诵《孝经》《论语》”，“九岁讲解《孝经》《论语》及《女诫》之类，略晓大义”。通过对儒家经典的学习与领悟，能够教导女孩遵守“妇道”。女子不必教之以“作歌诗”、“执俗乐”，这些感发情志的活动于德行无补，“殊非所宜”。

二、三从四德：女性道德价值观

总的来说，上述不同历史时期的女性教育专书，均对传统的女性道德观给予了集中反映。女性的道德养成，就其核心内容而言，是在“三纲五常”总体价值观要求之下的道德规范，具体表现为针对女性要求的三从四德的道德价值观，男尊女卑的社会等级秩序以及倡导女性人际道德与女性自我修养的道德规范。传统女训的女性道德教育的价值取向，就是通过这种道德教化，在提高女性自身修养的同时，培养男权社会需要的“贤妻良母”，从而维护传统家庭和社会的稳定。

“谨守三从，克遵四德，以为夫子之光，不贻父母之辱”（吕坤《闺范》），传统社会对女性礼教规范和行为准则的要求集中体现为男尊女卑价值观下的三从四德。三从四德是传统社会对女性道德观要求的集中体现。男尊女卑、“三从四德”可分为三个层次：男尊女卑是传统女子道德的价值观念和总体目标；“三从”是男尊女卑的价值观念和目标在女性人生不同阶段人际关系中的贯彻；“四德”则是上述观念和目标对女性个体品质的具体要求。男尊女卑给“三从四德”提供了应然性的目标，“三从四德”给男尊女卑提供了规范性的保证。① “三从四德”在《仪礼》《礼记》中已经系统提出，如在《仪礼・丧服・子夏传》中就认为，女性应承担“三从之义”，且“无专用之道”，因此必须“未嫁从父，既嫁从夫，夫死从子”。儒家约束女性的“三从”可以说贯彻了女性的一生，女性未嫁前隶属于父亲，婚后隶属于丈夫，丈夫死后又隶属于她的儿子，一生从未有独立的人格。所谓的这“三从”，归根到底，其实就是“一从”，也就是隶属于男性。“三从”虽然在《礼记》《仪礼》《左传》等典籍中已提出，但只有在女训中才使一系列行为规范具体化。

四德在《礼记・昏仪》中最早表述为“言慎、行敬、工端、整容”，《周礼・天官》中记载为“妇德、妇言、妇容、妇功”，《女诫》中称为“四行”，后世多以“四德”称之。其实，“四德”称为“四行”更为恰切，因为“四德”中并非所有内容都具有纯粹道德意义，其实质是对女性行为和品质四个方面的要求，比如说妇功就是女性纺织、缝纫、刺绣等家政技术规范，而妇容则主要包括的是女性的文明卫生习惯以及涉及一些审美方面的论述。由于儒家在上述这些方面的行为和品质都以道德的标准来评价，因而后世习惯仍称“四德”。《女诫》有专章“妇行第四”论述，《女论语》也有几章论述“四德”，而

① 肖群忠：《中国传统女性道德观述评》，《社会科学》1990 年第 5 期。

《女儿语》则是以此为纲和主要内容。在《闺训》中，对“四德”做出了简洁描述，“妇德尚静正，妇言尚简婉，妇功尚周慎，妇容尚闲雅”。以“四德”作为价值标准，对女性的德性品质做出评价。如果“四德备”，即便“才拙性愚”“家贫貌陋”，也不累及她的贤德；若是没有“四德”，即便“贵女芳姿”，颇具才情，也不能获誉乡邻。

女性道德人格是在一系列具体行为规范的践行中得以养成。这些行为规范涵盖女性自身道德修养（女子之道、妇人之道、母道）、与家人相处之道（夫妇之道、姊妹之道、姒娣之道、姑嫂之道、嫡妾之道、婢子之道），还有与族人及邻里相处之道。每一项都有具体的规范要求，对女性的规范要求比如要洁身自好、自珍自爱、尊老爱幼、勤俭持家、劝夫从善、和气宽容以及对子女的家教等诸如此类的表述。在《女论语》中，开篇即讲女子“先学立身”，而“立身之法，惟务清贞”。具体的行为规范则是在一举一动之中，“行莫回头，语莫掀唇”“坐莫动膝，立莫摇裙”，即便喜怒，也要举止得当，“喜莫大笑，怒莫高声”。凡事动静得法，当知礼数。侍奉舅姑如事父母，“供承看养，如同父母”；事夫则是“将夫比天”，敬重如宾；教育子女，“男入书堂，请延师傅”、“女处闺门，少令出户”，而且是“唤来便来，唤去便去”。操持家务，待客接物，都有具体且详细的规定。特别要指出的是，《女论语》中对于“守节”的强调，如“第一贞节”，应当效法。在丈夫去世之后，守丧之外要“保家持业”，还要“殷勤训子”。吕坤的《闺范》则更是从各个方面详细规定了女性所应遵守的礼仪规范。

“三从四德”从理论根源上说正是“三纲五常”价值观在女性身上的具体体现。“三纲”确立了君、父、夫的绝对权威，这种权威在家庭生活中就是父权与夫权对女性的道德规约。“四德”则是专为女性而制定的行为规范和道德准则。“三从”与“四德”从本质上来看都是对女性的束缚，是专为父权、夫权、族权而设，以规范女性的行为，体现出来的正是一种不对等的绝对的片面的义务。作为一种不对等的道德义务来看，“三从”与“四德”本质上是相通的。但另一方面，剔除这些女性对男性绝对的片面义务，“四德”中一些具体的行为规范和德目要求仍有其现实借鉴意义，比如赡养老人、仪态端庄、勤俭持家、善待亲邻等美德都可为现代妇女伦理道德建设借鉴和吸收。

三、卑弱顺从：女性理想人格

在三从四德束缚下的女性，其人格表现就是儒家设定的女性卑弱、服从的理想人格。卑弱和服从之间有着内在的逻辑联系，卑弱以服从为前提，而服从又必然表现为卑弱。一种性别在人格上占据不可超越的统治地位，那么必然决定着另一性别在人格上的臣服与卑微。女性俯首顺从男性的人格设定，始于孔孟。孔子将女子和小人相提并论，认为“唯女子与小人为难养也”，因为“近之则孙，远之则怨”（见《论语·阳货》），朱熹此处注说：“此小人亦谓仆隶下人也”。但孔子并未就此做进一步的论述，而且此句论述也仅是将女子与小人并列，并未做出价值判断。孟子则是强调，从属于作为一家之主的男性，这是女性应该遵循的道德原则，“以顺为正者，妾妇之道也”（《孟子·滕文公下》）。这种观念在《白虎通义》中进一步理论化，并且从阴阳学说的角度予以解释。“阴，不得自专，随阳而成之”，论证女性从属于男性是有着形而上学的基础。此后，儒家的众多典籍都对“以顺为正”做了补充和发挥，实质无非是强调女性从属男性处于依附地位。价值观通过道德教化的途径为民众所服膺，经过儒者编撰的各种女训进行价值观的传递，以一种世俗化的儒学思想传播开来。在女训中，多是这样的规训表达：“妇人者，伏于人者也”（《闺训》），“夫是你天，不可欺心，天若塌了，那里安身”(《女小儿语》),“将夫比天,其义匪轻”(《女论语》),诸如此类正是对女性德行的具体要求。

人格作为理想的载体,应该是知情意的统一,是理智、情感与意志的综合。有理智,可以自行判断;有情感,可以自知喜恶;有意志,可以自行选择。儒家对女性的理想人格设定中,力图抹去人的这种自我意识,使女性甘愿依附男性。两性间人格的不平等是封建社会人身依附关系的反映,而人身依附关系正是植根于男耕女织,一主一从的自然经济基础之上。在马克思的经典学说中,马克思对人类社会的发展阶段进行了全面分析,人的依赖关系(起初完全是自然发生的),是最初的社会形态,在这种形态下,人的生产能力只是在狭窄的范围内和孤立的地点上发展着。以物的依赖性为基础的人的独立性,是第二大形态。在这种形态下,才形成普遍的物质交换。[①] 中国传统社会的伦理思想是在社会历史的第一个阶段发展起来的,它以“人的依赖关系”为基础,这种依赖关系表现为由血缘关系演变而来的宗法制与封建制,它要维护的是“爱有差等”为基础的纲常伦理。依附人格让女性的独立自主人格被否定,女性也就对自身命运与地位无能为力。在男女之间这种尊卑高下的社会文化秩序下,女性无论在道德教化还是人格养成上,都被教化服膺于男尊女卑的价值设定,被迫卑弱顺从男性。晋代傅玄曾作《豫章行·苦相篇》,对传统社会中女子的悲惨遭遇给予同情:“苦相身为女,卑陋难再陈。男儿当门户,堕地自生神。雄心志四海,万里望风尘。女育无欣爱,不为家所珍。”白居易在《太行路》中写道:“人生莫做妇人身,百年苦乐由他人。”鱼玄机的诗歌中也表达了不能同男子同登金榜、展示雄才的遗憾:“自恨罗衣掩诗句,举头空羡中榜名。”

① 《政治经济学批判(1857—1858 年草稿)》,《马克思恩格斯全集》第 46 卷(上),第 104 页。

男女有别基础上形成的主从关系，在社会分工上则体现为男主外女主内的家庭模式。儒家力倡“男外女内”，“家在，女正位乎内，男正位乎外。男女正，天下之大义也”(《象卦·家人卦》)，限制女性参与社会活动。男女有别形成的主从关系，作为一种广泛适用的模式，又被应用于政治统治、社会等级、礼仪行为、道德规范以及语言领域，全方位多层面规范着女性的方方面面，形成了疏而不漏的社会文化秩序。在这种强大的社会文化秩序中，作为儒家道德教化的成果，受过教育的女性又以男权社会的要求和希冀去规训同性，这无疑是女训专书的一大特征。

第三节 个案研究：《女诫》中的道德养成思想

《女诫》为班昭所著，在《教女遗规》中陈宏谋将其“列诸卷首”，“以是为百代女师可也”。班昭本人博极群书，多有才情，曾为其兄班固续史，在汉代和帝年间被召入宫为女师，“时皇后诸嫔皆师事之”，为皇后与宫中嫔妃讲学。她不仅撰写了《女诫》一书，还专门标注了《列女传》一书。《女诫》成书于她晚年时期，因为面临女儿即将出嫁，她认为假如女儿对女训不闻不知、妇礼不明，便可能“取耻宗族”，也可能为夫家所不容，于是开始撰成《女诫》，亲写七章以教导女子，命诸女抄写。《女诫》立足男尊女卑的立场，坚持女性应以三从四德为行动准则，分别设立夫妇、卑弱、妇行、敬慎、专心、曲从与叔妹等七章篇目，全面解释妇德、妇言、妇容与妇功等四德之义的内容。整书共有一千六百余字，与《女论语》及《女小儿语》相比，篇幅不属短小。成书之后，被《后汉书》收录其中，得到了广泛传播。班昭也因此书之故被誉为“后世女师”，《女诫》则被誉为“中国女训之祖”，在各种女训经典中具备很高的历史地位，可以说影响了后来两千多年的中国女性观。

《女诫》虽其初衷是为即将出阁的女儿所写，但又并非完全是为“人妇”所用，它涵盖的教化对象既包括出嫁之妇，也包括“待字闺中”接受启蒙教育的女子。《女诫》中的道德养成思想表现为各种具体规范，既有对女子自身品性的强调，也有对女子嫁人后处理各种人伦关系的规约。着力于培养“贤女”“贤妇”“贤母”，纵贯女性的不同角色。

按照学者孙理兴的说法，虽然在漫长的女性道德伦理发展历程中，女训所采用的女教方式各有侧重，但在核心内容上，均与从男、贤妻、良母、孝媳、贞妇、妇仪、女红等密切相关。这种伦理模式我们也可以理解为是按照女性的社会角色来分类的，以不同的社会角色来规定女性所应遵守的各种道德规范。在传统社会中，一般而言，女性几乎是没有机会也无权参与社会活动，女性所从事的活动囿于“深闺”，囿于家庭，因此，她所扮演的社会角色就是女儿、妻子、母亲以及儿媳，与之相对应的就有一系列如何处理夫妻关系、婆媳关系、亲子关系等这几种关系的规范要求。传统社会要求女性不仅要提高自身的道德修养，而且要做社会需要的“贤妻良母”，从而维护家庭的稳定乃至整个社会的长治久安。

《女诫》七篇反映出的女性道德观主要体现在作为妻子所应具有的卑弱、贞节的品格，身为女性所应遵守的四种行为标准（四行），作为媳妇对公婆以及叔妹所应采取的相处之道。

首先，女性要尽量卑弱，如该书在《卑弱第一》开篇即指出古者生女三日，要“卧之床下，弄之瓦砖，而斋告焉”，而且还要“明其卑弱，主下人也”。同时提出很多严格要求，诸如“三者盖女人之常道，礼法之典教矣”“斋告先君，明当主继祭祀也”等具体要求。女子应当“谦让恭敬，先人后己”、“有善莫名，有恶莫辞，忍辱含垢，常若畏惧”，认为只有这样才能“是谓卑弱下人也”。在家庭各项事务中，女性要不辞劳苦勤勉持家，“晚寝早作，勿掸夙夜，执务私事”，而且“不辞剧易，所作必成，手迹整理，是谓执勤也”，包括在供奉祖宗等祭祀活动中，应当要“正色端操，以事夫主，清净自守，无好戏笑，洁齐酒食，以供祖宗，是谓继祭祀也”。在这些阐述中，班昭为包含女儿在内的女性规定了具体规范：一则女人生来就很卑弱，因此为人处事应自我谦卑；二是作为女人应勤劳勤奋，但应局限在家务私事范围，而不应对社会“公事”涉足；再者，“洁齐酒食，以供祖宗”是女人必须履行的道德义务。

女性卑弱源于男尊女卑理念，女性在两性关系中自认卑弱，不敢要求尊严对待。男尊女卑决定了丈夫有御妇的权利，而女子仅有事夫的义务。《白虎通义·嫁娶》认为妇人的职责就是“事人”，尤其是《女诫》强调妇女在家的“事人”义务主要是限制在“事夫”范围，即以“事夫如事天，与孝子事父，忠臣事君同”为行为规范。女性不仅要侍从作为主人的男性，而且还要怀着恐惧的心理承担一切过错，唯有“谦让恭敬，先人后己”、“有善莫名，有恶莫辞，忍辱含垢，常若畏惧”，认为只有这样才能“是谓卑弱下人也”。并强调作为妻子，不但要敬事自己的夫君，还应做到顺从不争、克己忍让。因为“夫者天也”，所以“天固不可逃，夫固不可违也”。在《女论语》中则有相似表述，妻在“夫若发怒”时，不仅“不可生嗔”，还应“退身求让，忍气吞声”。并进一步指出“夫事有曲直，言有是非，直者不能争，曲者不能讼”，妻子要做到的就是“谴呵从之”，即便遭受苛责，也应当顺从，不得记恨。

自认卑弱从而依附于男性，这是儒家教化女性的指导思想，“男以强为贵，女以弱为美”“夫得意一人，是谓永毕；失意一人，是谓永讫”。陈宏谋认为《女诫》“始之以卑弱，终之以谦和，大要以敬顺为主”（《教女遗规》卷上），而且没有一句涉及外政，这正是女德所倡导的价值理念。《女诫》以自认卑弱为始，在其后夫妇、敬慎、妇行、专心、屈从以及叔妹等六章中，详细规定了女性应遵守的行为规范与道德规约。

其次，女性要严守“四德”。关于“四德”理念，最早见于《周礼·天官》中的“九嫔”一条，但相关阐释空缺，主要是《礼记》进行了解释，所谓“四德”是上古时期妇女在出嫁前的三月内必须接受婚前教诫，内容以妇德、妇言、妇容与妇功为重点。郑玄作注时认为妇德即贞顺，妇言则指辞令，妇容是婉娩，妇功即丝麻女工。班昭也在《女诫》中对四德实施了全面阐释，她强调“妇德不必才明绝异”，但应“清闲贞静，守节整齐，行己有耻，动静有法”，这便是妇德。妇言即“不必辨口利辞”，只要“择辞而说，不道恶语，时然后言，不厌于人”。她对妇容的解释是“不必颜色美丽”，但应“盥浣尘秽，服饰鲜洁”，以便做到“沐浴以时，身不垢辱”。而在妇功上尽管“不必工巧过人”，但应“专心纺绩，不好戏笑”，并应“洁斋酒食，以奉宾客”，即为妇功。“四德”是传统社会对女性的“大德”要求，也是传统社会中女性必须严守的基本规范。

在妇德要求上，显然“清闲贞静，守节整齐”最为重要，即静慢有序，庄重贤淑，甘于寂寞、不怕冷落。这种价值观念属于封闭、保守的思维模式，且作为一种缓慢而有序的生活节奏，显然与“日出而作、日落而息”的传统农业社会相符合，也是造就女性卑弱顺从人格的理论依据。《女诫》中表述“行己有耻，动静有法”，在《女论语》具体化为各种行为规范，如“语莫掀唇”、“立莫摇裙”、“喜莫大笑”，即使是在平时也应“莫出外庭”、“莫窥外壁”；更不要与男子单独相处，“男非眷属，莫与通名”；同为女性若是品性不淑，也不能够与之交往，“女非善淑，莫与相亲”。通过这样的规范要求，女性的生理空间和心理空间都被禁锢在狭小范围。至于妇言、妇容和妇功，是对女性语言修养和形体以及家务所做出的规定，同时也加以道德的标准来评价。从表面上来讲，传统妇德要求女性内外兼修涵养德性，而立足社会因素来看，则是出于维护男性为主体的社会秩序的基本目的。

再者，女性要守贞。男女之别的要点在于男女关系是否正当合宜，荀子讲“夫妇之道，不可不正也”，但并未对“夫死守节”等贞节问题有所涉及。“贞”最初仅仅是要求“正”，即男女关系要正当、符合人伦之理，后来才渐渐引申为必须对夫君“专一”，可见这种理念与后来的“从一而终”的绝对贞节观相比，有着实质性的区别。宋明之际，理学兴盛，在“存天理，灭人欲”的价值观倡导之下，对女性的“贞节”要求愈发严格，要求女性“从一而终”，把贞节问题宗教化了。此时女性的“贞节”与士人的“节操”相对应，因此也具有了绝对性的意义。

《女诫》在《专心第五》篇中提出“夫有再娶之义”，但“妇无二适之文”。鳏夫可以再娶，寡妇不可再嫁。“夫者，天也，天故不可逃，夫固不可离也”，丈夫即是妻子的天，妻子不可能离开“天”生存。如果妻子对待丈夫的行为方式有违礼法，“行违神祇，天则罚之”，还会遭受天谴与惩罚。以夫为天，从一而终，女性一生幸福与否和顺有否，均无从再次选择，即是“得意一人，是谓永毕；失意一人，是谓永讫”。立足贞节的道德要求来讲，贞节不仅要求妇女应在婚前洁身自好、严守贞操，还将已婚妇女忠贞夫君作为重点，尤其是与其他男性交往时，规范更加严格，既要求“男女不杂坐”，又要求“叔嫂不通问”，甚至认为“男女授受不亲”。妇女在丈夫故去后，必须从一而终、忠贞不二。当然这种忠贞是针对女子的要求，不许女子“二适”，男子仍然可以“再娶”。其实，早在先秦时期，儒家对男女两性的忠贞就有了道德要求，如《礼记·礼运》认为“男女有别而后夫妇有义”，别男女而后以“夫妇”关系为人伦关系的起点，“夫妇有义而后父子有亲”，同时提出“父慈子孝，兄良弟悌，夫义妇听，长惠幼顺，君仁臣忠”等要求，都是人伦关系中双方面相互的道德规范。这里的“夫妇有义”，即夫妻双方均要履行道德义务。虽然丈夫拥有控制妻子的权力，丈夫的任何决定妻子均要服从，但唯有丈夫言行依义，妻子才会服从，否则便“使人不以其道，不能行于妻子”(《孟子·尽心下》)，妻子便有不服从的权利。在一些女训中，还对一些妻子谏夫从善与夫君改过的故事给予了记载，如乐羊子妻采取的“断织劝学”方式，正是深明大义的典范。

统治者“夫为妻纲”的宣扬，以及政令、法律、舆论、教育等种种社会手段的倡导，加之宋明理学家“饿死事小，失节事大”的推波助澜，导致贞节观念畸形发展，即男人可以一夫多妻，甚至可以随意休妻再娶，而妇女则应严守贞节，遵守从一而终的道德规范。我国著名民俗研究家蔡献荣在撰写《中国多妻制的起源》时，针对古代多妻制的运行归纳了四大成因：母系制渐渐崩坏，而男权不断扩张；部族战争和奴隶使用；受根深蒂固的子嗣延续观念影响；特殊阶层存在的纵欲自由等。① 该文还从经济层面、政治层面以及文化层面，对女性贞节问题给出了解释。

最后是要求女性必须曲从。女性既要依附于丈夫，以夫为天，又要做好“儿媳”分内之事，侍奉舅姑。女性在处理家庭事务时，孝顺公婆是天经地义的道德义务。在《礼记·内则》中，即对女性提出“妇事舅姑如事父母”的道德要求，儿媳必须像对待亲生父母一样敬孝公婆，且必须每日鸡鸣时即应起床，在端正仪容之后向公婆请安，并侍候公婆梳洗，做好早饭，并听从公婆的家庭事务安排。孝顺公婆一则是因为家中长辈，理应孝敬；二则是因为公婆是夫家家长，掌握家里各项事宜，包括自身婚姻，如果不合公婆意，则有可能夫妻劳燕分飞。《女诫》在《曲从第六》篇中，还对夫妇离散的两种情形给予了分析：“以恩自离”型，即夫妇由于恩情不再而主动离

① 陕西人民出版社编：《守节再嫁缠足及其它——中国古代妇女生活面面观》，西安：陕西人民出版社1990年版，第78—110页。

异；“以义自破”型，即尽管夫妻恩爱，但遭到婆婆或公公嫌弃，在这种情形下丈夫也会休妻再娶。

在《曲从第六》中，班昭引用《女宪》“妇如影响，焉不可赏”之句，以此来具体阐述儿媳如何处理与舅姑之间的关系。所谓“妇如影响，焉不可赏”，意即媳妇对婆婆应该是如影随形如响应声一样，做到亦步亦趋言听计从。在家庭事务中，儿媳必须无条件地服从公婆的安排，大事小情均应向公婆请示，这样才能让公婆夸赞。“姑云不，尔而是，固宜从令”，婆婆说的对要听从；“姑云是，尔而非，犹宜顺命”，婆婆说的不对，即便如此，也要顺从。谦恭卑下恭顺曲从才能保持家庭稳定与和谐，不然可能因“逆德”而见罪于公婆。传统社会中，对触犯礼教的女性有“七出”的惩罚，“逆德”与“不顺父母”行为位列其首，在这种倾向下，夫君即可理所应当休妻。因此在侍奉舅姑的问题上，儿媳不得以任何理由“违戾是非，争分曲直”，这就是“曲从”。在家庭与家族的生活中，女性不仅要处理好婆媳关系，还要处理好与丈夫的兄弟姊妹以及妯娌等各种人伦关系，如果处理不好，同样会影响自己与丈夫的关系。

《女诫》是班昭为其女儿所写，目的是培养女儿遵守妇人之道，使之不至于“失容他门”，不至于辱没门楣。《女诫》不仅教女要做贤女，还要教导女儿力做贤母以及贤妇，辅助夫君，侍奉公婆，教导子侄，操持家务，“庶有补益”。因其对男尊女卑思想的宣扬以及对妇德的具体规范，契合了维持传统家庭乃至整个社会稳定的需要，因此《女诫》被历代加以宣扬，成为了教育女性的范本。

女性在社会中的地位是一个历时性发展的问题。发端于美国20世纪60年代的社会性别理论强调，在社会学关系中，两性关系是最为基本也是最重要的关系，反映的是社会关系的本质。我们对两性角色及两性行为等的期待，往往在两性生物性别基础上的延伸，是主流文化倡导下的社会价值观，可见两性观念本身，即属于能够改变的社会化产物。社会性别反映的两性之间的不平等关系，不仅指在社会文化预期下形成的男女有别的特定行为方式，更是一种权力关系的反映。所以，社会性别理论深入揭示了男尊女卑的差别的理论根据以及两性之间不平等的经济、政治以及文化的根源。两性关系既然是社会关系的反映，它就应当是可以不断改变发展的。随着社会经济、政治与文化的发展与改变，男女两性之间不平等的关系也会改变。

传统社会中，女性卑弱曲从的依附人格形成，大致出于以下原因：其一，男耕女织的经济模式，决定了女性社会地位与男性的明显差异。其二，现实社会对男女两性存在的要求不同。道德教化的强大，可从女训专书中看出端倪。女性卑弱屈从道德品格的养成，有深厚的社会经济基础，亦有社会文化的强大建构。在儒家的"三纲"价值的建构下，女性的道德养成即从开始就奠定了基调，即以父权制社会的价值为纲，培养女性屈从谦恭的道德德性。国家政治伦理的价值观，通过女训为载体，教化传统社会的女性，教化出的女性又以社会所倡导的女性"嘉言"与"善行"来规训女性。

女训作为历史发展的阶段性产物，有其存在的合理性，它适应了传统社会构建的伦理秩序。毫无疑问，"女训"对女性的道德教化具体而又繁琐，对父权与夫权的绝对服从，是对女性的巨大束缚。在"夫为妻纲"的价值要求之下，加诸于女性身上"三从"的道德规约让女性无所遁逃。我们应当承认历史事实，并对女训所倡导的价值观念进行理性分析，这是对待传统的正确方式。"女训"并非全是糟粕，在女训中有不少关于行为举止的训练与规范，这对女子道德行为的养成很有借鉴意义。伴随着时代的进步与发展，我国女性群体已经成为家庭、经济、政治等领域的骨干力量，他们开始与男性地位平等、权利平等，而这种"男女平等"的理念，正是对人类社会发展的真切反映。

第五章

植根于道德养成的价值观建构

价值观问题是道德养成的核心问题。在道德养成的过程之中，价值观既是道德养成的理论指引，又是道德养成的关键问题。以传统启蒙教育观之，价值观对道德养成的价值引导与理论指引体现为对人伦价值观的强调、对尊卑等级秩序价值观的维护及对先义后利的道德价值观的倡导。在以伦理本位为特征的传统社会中，传统启蒙教育的道德养成与价值观建构有着共同的路径选择，即通过道德教化的途径实现对社会成员的价值建构和道德人格的养成。也可以说，通过以蒙书、家训、女训为载体的道德养成教育，传统社会以儒家思想为核心的“三纲五常”的价值体系得以形成并指导着民众的日常生活。从作为学术流派的儒家思想，到成为国家的意识形态，再到儒家思想在民众生活中的普及，儒家思想也完成了从上层的精英文化到普通民众文化的世俗化过程。这一过程也正是通过以蒙书、家训、女训为载体的道德养成教育的实现。可以说，在这一过程中，传统启蒙教育功不可没。

第一节　道德养成与价值观建构的统一性

传统启蒙教育中的道德养成，以儒家思想为核心，对童蒙的价值引导以儒家的微言大义为其教化内容；道德养成以德教为先，德性培养优先于知识传授；在道德养成的过程中，针对童蒙的特征与需求，在进行道德规范训练的同时不排斥对功利的追求；道德规范的要求操作性强，切于人伦日用。通过归纳传统启蒙教育中道德养成的特征，可以看出道德养成与价值观建构之间存在的密切联系。在重视道德教育以伦理本位为特征的传统文化当中，道德养成与价值观无论是在途径、宗旨还是目标上都实现了二者的统一。当然，我们应该明确的一点是，价值观与道德养成并不是一个层级，价值观建构植根于道德养成，价值观对道德养成具有价值指导与理论指引的作用，道德养成的过程体现价值观建构的指导与途径选择。

一、传统启蒙教育道德养成的特征

启蒙道德教化是对处于蒙昧状态的童蒙进行道德教育。在教育阶段上，启蒙教育相当于我们现在所谓的“小学”，因此，启蒙教育处于“知其事”阶段，区别于“大学”阶段的“明其理”；在“教”与“化”的关系上，因受教育者的智力学识所限，侧重于“教”而非“化”。无论是在内容上的“洒扫应对进退之节”，思想上的儒家思想为宗，还是体例上的韵语歌诗，都是考虑教化对象以及教化目的所做出的调整。

以儒家思想为核心。从我国封建社会的历史来看，儒家思想长期占据主导地位，从汉武帝“罢黜百家，独尊儒术”始，一直到清朝末年，儒家思想都占据着重要的统治地位，从政治、经济、思想等层面主导着社会发展。

儒家提倡的政治理想与道德教化之间有着天然紧密的联系。杜维明在其文章中提出这样的看法：“仁政的观念是儒家政治学的基础，坚信道德和政治密不可分，统治者的修身和对人民的统治密切相关，使人们很难将政治理解为独立于个人伦理之外的控制机制，政治上的领袖资格在本质上表现为道德上的说服力，王朝的改革力量主要建立在帝王官吏的伦理品质上。”[①]儒家思想重视教化，并采用教育来实现这一目标，故而儒家思想所提倡的经典启蒙教育也必然会以实现社会教化为根本目的。儒家提倡的“修齐治平”的个人修养方法与道德追求也和封建社会的政治要求相统一。

纵观传统启蒙教育，我们可以发现，在蒙书、家训、女训中都有佛老思想的存在，宣扬命运轮回、祸福报应等思想，这说明启蒙教育同样受到了儒释道思想合流的影响。同时，通过分析研究，我们发现虽有佛老思想的杂糅，但传统启蒙教育仍以儒学为宗。传统启蒙教化以儒家思想为核心表现在以下方面：

首先，直接引用儒家经典著述的内容。直接引用圣贤经典中的原典从而可以强化劝诫的权威性、正确性及不容辩驳性。如在劝诫子弟家人多做善事、勿做恶事时，清人张履祥引用《易经》“积善之家，必有余庆；积不善之家，必有余殃”等引文，写入他的《训子语》；明朝士人叶瞻山在《家训》中训诫家人要谨慎择友，就引用了《孔子家语》中的元典精要。如在其《家训》中，“《语》所谓与善人处，如入芝兰之室，久而不闻其香，与不善人处，如入鲍之肆，久而

① 杜维明：《道·学·政——论儒家知识分子》，钱文忠，盛勤译，上海：上海人民出版社2000年版，第6页。

不闻其臭，家居须亲近正人”。该语就是引自《孔子家语》：“不知其子视其父，不知其人视其友，不知其君视其所使，不知其地视其草木。故曰：与善人居，如入芝蘭之室，久而不闻其香，即与之化矣。与不善人居，如入鲍焦之肆，久而不闻其臭，亦与之化矣。丹之所藏者赤，漆之所藏者黑，是以君子必慎其所与处者焉。”

其次，以通俗语言对儒家思想进行阐发。古典语法及雅文化对于初涉学问之堂的童蒙及普通民众来说，进行阅读及理解均非易事。所以，启蒙教材的著述就要深入浅出，删繁就简，将其转化为童蒙能够接受的表达方式，以起到更好的训诫效果。以《弟子规》为例，《弟子规》围绕《论语》一段话“弟子入则孝，出则悌，谨而信，泛爱众而亲仁，行有余力，则以学文”进行了阐发，语言明白晓畅，更能够适应普通的识字人群。启蒙教材把儒家思想理解转化为明白晓畅的语言，训诫童蒙及家人子弟，这样的教材通俗易懂，因而其受众则更为广泛。

最后，儒家思想贯穿于传统启蒙教育之中，成为其灵魂。传统启蒙教育中的立志、孝悌、俭朴、谨言、务学、修身、为善等条目都是儒家思想的核心内容。启蒙道德教化的载体对儒家思想有不同的继承与阐发。以家训为例，家训多为上层儒者所撰写，因此家训多是通过直接引用元典，以增强其说理的透彻性及可接受性，这表现出家训作者对儒家原典的熟识与把握，也从侧面证明该家训接受者受到过一定的儒家思想的熏染，此类家训多为训男家训。蒙书和女训则多采用通俗易懂的写作方法，使用明白晓畅的语言，针对初学者的儿童和女性。另外，儒家思想的贯穿也表现为对儒家价值观念的服膺，比如对儒家的三纲五常、男尊女卑等思想的认同。道德教化的最终目标为“明人伦”，“人伦”特指在封建制度下的五种基础社会关系，它要求人们能清楚地认识并维护这些关系间的秩序，对待不同的关系采用不同的道德规范，详细来说即为“君臣有义、父子有亲、夫妇有别、长幼有序、朋友有信”，无论是“君臣”、“父子”、“夫妇”还是“长幼”、“朋友”都有特定的行为规则，只要遵循标准，那么社会秩序就能得到维护。道德教化则是既能使人们理解并接受“礼”，又能让人们掌握“礼”的内涵，将其应用于社会生活中，从而维护基本社会秩序。

伦理本位偏重德性。无论是中国社会还是西方社会都对德性与知识的关系予以关注。中国很早便有了对两者关系的论述，《中庸》高度概括了两者关系：“君子尊德性而道问学，致广大而尽精微，极高明而道中庸。”其中的尊德性而道问学是指要同时兼顾尊崇道德和学习知识，将修德和求知紧密相连，达到仁智统一的目的，也就是道德和知识的合一，真和善的结合。“同真善”具有鲜明的中国哲学特征，张岱年提到：“中国哲人认为真理即是至善，求真乃即求善。真善非二，至真的道理即是至善的准则。即真即善，即善即真。……为求知而求知的态度，在中国哲学家甚为少有。中国思想家总认为致知与修养乃不可分；宇宙真际的探求，与人生至善之达到，是一事之两面。穷理即是尽性，崇德亦即致知。”①

传统文化虽提倡仁智并举，但在具体实施时却是智从属于仁。中国文化具有伦理本位的特征，与西方文化相对照，中国文化更重视德性的实现，所以“智”从属于“仁”。因而，儒家教育的重中之重是人伦道德，并非传授知识：“中国先哲虽不看轻知识，但不以求知识为出发点，最主要的是人之所以为人之道：怎样才算得一个人？人与人相互有什么关系？”②知识和道德合一、真善合一，其最终目的是求善并非求真，这是儒家素来的传统。希腊哲学家苏格拉底主张“美德即知识”，主张知识和道德要相互统一，虽表面看来其主

① 张岱年：《中国哲学大纲》，南京：江苏教育出版社2005年版，序论第9页。

② 葛懋春主编：《梁启超哲学思想论文选》，北京：北京大学出版社1984年版，第488页。

张和孔子提出的仁智统一的观点颇为相似，但其本质却大相径庭。在苏格拉底看来向善的观念为人们所共有，人类作恶是因为缺乏知识。所以，必须进行知识教育，这样才能培育美德。这一主张本质上是求知之真，把知识放在了比道德更高的层面。

德性和知识的联系本质上就是行和知的关系，知与行究竟哪个更重要，是"知在行之前"还是"行在知之前"或是"知行合一"？如果按照仁智统一的逻辑来看，那么知与行是统一的关系，"知其善"和"行其善"之间也实现了统一。

道德、知识对于人类发展都有着极其重要的影响，只有将两方面的潜能都开发出来，才能实现理想人格。日本著名启蒙学者福泽谕吉认为，智慧和道德构成了人的思想，各自发挥着作用，无法判定谁的作用更大，谁更具有价值。若不能兼具两者，不能称作完人。[①] 从中国传统文化来看，道德与知识的地位一直以来无法平衡。孔孟提出的仁智统一思想偏向道德，汉代重德轻智的倾向明显，发展至宋代则是推崇道德，否定智慧。"轻视知识重视情义，轻视知识重视德性"的价值理念长久以来影响着中国人的认知，一定程度上导致了中国科学技术在15世纪后失去了世界领先地位。

中国传统启蒙教育把人伦日用、洒扫应对作为基本教育内容，这体现了传统道德教育的性质，只是若过分重视人伦道德则会带来一定的弊端。启蒙教育重视知识的传授，但重视的主要是人文知识，而轻视自然科学知识。童蒙教材也存在重德轻智的现象。这种倾向在"小学"到"大学"的培养过程中更加显著，导致自然科学无法得到足够的认同。宋明时期，理学大兴，宣扬"存天理灭人欲"，仁、义、礼、智可称为"天理"，君臣、父子、兄弟、夫妇、朋友也可称为"天理"(《朱文公文集》卷五十九，《答吴斗南》)，着重于道德修

---

① 福泽谕吉：《文明论概略》，北京编译社译，北京：商务印书馆1982年版，第77页。

养而忽视对事物原理的探究。王阳明提出“知识愈多而人欲愈滋，才力愈多而天理愈蔽”(《传习录上》)，将知识视为滋生欲望的渊薮。在重视德行的同时，应积极传授自然科学知识。道德与知识，二者应并行不悖，从而实现知其善与行其善的统一。

功利追求与伦理规范于一体。传统启蒙教化将家族主义、个人功利及儒家道德融为一体。在传统社会，读书不仅是略识文字，更是改变自身及家族命运的途径。尤其是科举取士之后，学而优则仕成为读书人的首选。自宋代以来，世人勉励蒙童读书的经典名言是：书中自有黄金屋，书中自有颜如玉。确实，科举制度的显著特点就是一旦读书成功，一切功名富贵都会随之而来。“由于有一种政治权力、经济财富与社会名望这三种主要价值资源联为一体的情况，而政治权力又是其中表现最突出的，所以，仕成为主要出路。”①读书、修身、功名顺理成章成为一体。

当代学者陈来在分析古代蒙学读物后指出，在把功利的追求合理化为伦理性准则方面，蒙学读物是相当成功的。他分析《三字经》说：“‘上致君，下泽民，扬名志，显父母，光于前，裕于后’中的致君泽民是儒家的社会功利思想；光耀祖宗，显荣父母，遗泽后代，是世俗儒家特有的家族思想，传声扬名，是个人成就的追求目标。这使得《三字经》最后归结为社会成就、家族成就和个人成就，显示出明显的成就取向。实际上，如果把《三字经》作为一个体系来看，可以说上述三种成就目标构成了其体系的终极关怀。把伦理规范与成就追求融为一体，这可以说是世俗儒家伦理的特色。”②陈来认为蒙学读物属于通俗儒家伦理读物，其内容显示出家族主义、个人功利与儒家道德伦理的结合，在宋代以后的中国历史上，在民间流行

---

① 何怀宏：《选举社会及其终结》，北京：生活·读书·新知三联书店 1998 年版，第 29 页。

② 陈来：《中国近世思想研究》，北京：商务印书馆 2003 年版，第 442 页。

极广。

传统启蒙道德教化既要培养统治者希望的“顺民”，同时也要培养维护国家发展的“士人”。对于童蒙的教化而言，传统启蒙教育不仅仅是要“知其事”，也要为大学的“明其理”打下基础。读书的激励目标不仅是为己，也要为人。所以，我们可以看到《神童诗》中很多这样的表述：如“万般皆下品，惟有读书高”及“满朝朱紫贵，尽是读书人”或是“学乃身之宝，儒为席上珍。君看为宰相，必用读书人”等等。这种对读书功利性的宣扬，对儿童来说，具有更确切的指导意义。当然，传统启蒙教育同样也鼓励儿童立志高远，追求更为有价值的道德理想。

道德养成切于人伦日用。在传统社会，启蒙道德养成对接日常生活，与人伦日用连为一体，对生活具有指导作用。从传统意义上讲启蒙教材分为三种类型，一是文化知识教育；二是伦理道德教育；三是人情世故教育。文化知识教育侧重对儿童进行名物杂字等知识的传授，与日常生活有着千丝万缕的联系；伦理道德教育重点讲授亲情伦理，让儿童明确伦理关系用以指导现实生活；人情世故从内容来看尽管并非儿童专属，但是因其贴近生活、反映现实，同时又具有普适性，因此早在明清时期就被广泛用于儿童的启蒙教育之中。在日常生活中育德，将人伦日用融入道德教育的内容中，可谓是启蒙教育思想的关键之所在。生活是道德教育的有效途径，也是道德教育的最终目的和服务对象。

在对儒家经世致用思想加以继承的基础上，传统启蒙教育在处己处人处事上采取积极的入世态度。世俗化和生活化是传统启蒙教育的基本精神旨归，在坚持世俗生活为本的前提下，传统蒙学对人伦日用进行规范，对现实生活进行指导。从孔子的“孝悌为仁之本”(《论语·学而》)，到二程的“著衣吃饭亦是做功夫处”、“洒扫应对与性命孝悌亦是一统事”(《程氏遗书》卷十八)，再到朱熹的

"就日用事上提撕"(《朱子语类》卷一一八),都是力图将儒家的道德目标融于日常伦理行为之中。将道德养成内容融入现实生活中,在日常生活中强化道德教育,唯有如此,道德教化才能够真正发挥效用。陶行知有言:"没有生活做中心的教育是死教育。没有生活做中心的学校是死学校。没有生活做中心的书本是死书本。"①这段话说的是一般性的教育,对于道德教育也同样适用。道德教育的根本目的就在于教会学生学会做人、学会生活,进而更好地生活。"学会生活"是当代教育的本质也是主旨,这是实践检验的结果。将德育内容融于日常生活中,是传统启蒙教育的常规做法,经过实践证明,这也是道德教育行之有效的方法,现代道德教育也应从中汲取有益经验。

二、"习与智长,化与心成":道德养成与价值观建构的统一

价值观是道德的核心,道德需要价值观的统领。价值观具有道德统一的功能,在价值观的指导、引领及规范之下,各种道德德行才能得以整合。在中国传统文化的语境中,道德养成与价值观之间的统一性更为显著。其一,中国传统文化是一种伦理本位的德性主义文化,重德是其鲜明特征,在一定程度上,我们可以说道德养成的过程即是价值观建构的过程。其二,以礼化俗,通过道德养成即礼仪规范的训练,儒家的观念形态得以推向下层民众,统治者和精英的道德价值与民间的生活实践实现统一,同时也实现了上层的价值倡导与民众的价值认同的统一。再者,在传统启蒙教育过程中,道德养成与价值观构建都要借助于道德教化的实施与展开。通过道德教化的途径,儒家的价值观为民众所服膺,儒家希

① 陶行知:《陶行知文集》,南京:江苏人民出版社 1981 年版,第 245 页。

冀的道德人格也得以养成。

德性主义的文化特征使得道德养成与价值观建构在培养目标、义利关系、理论依据等方面具有一致性。李泽厚在其论著中强调,先秦各家学派通过授徒立说的方式,力求在动荡的社会中寻找一条解脱之路,与希腊的抽象思辨思维以及印度的追求解脱文化不同,先秦各家执着于探索人间世道。以氏族血缘为社会纽带维系社会关系,人们着重思考的问题就是人际关系。[①] 中国的德性主义文化,与印度的神性主义文化和西方的智性主义文化存在显著区别,重德性是其显著特征。正如张岱年所说,中国哲学是重人生不重知论,人生意义与人生价值才是中国哲学关注的问题。"太上有立德,其次有立功,其次有立言,虽久不废,此之谓不朽"(《左传·襄公二十四年》),春秋时期已有"三不朽"来讨论人生的意义与价值,其后的"杀身成仁""舍生取义"等都是对人生意义的追寻。作为一种重视人伦性的德性主义文化,儒家文化并未过多关注神性问题,也并不注重人死后的超越。"子不语怪力乱神",在《论语·先进》篇中,子路请教如何事鬼神,孔子回答"未能事人,焉能事鬼",孔子关注的是人间世道之事。对于"死"的问题,孔子回答弟子"未知生,焉知死",告诫弟子不要过多关注鬼神等超越性的问题。儒家文化更为关注的是现实人生问题,人伦关系、修身养性、内圣外王、修齐治平等,这也为儒家文化是一种现实主义的文化作了注脚。

"融国家于社会人伦之中,纳政治于礼俗教化之中,而以道德统括文化,或至少是在全部文化中道德气氛特重,确为中国的事实。"[②]道德不仅融入个体修身养性的行为中,在国家政治伦理抑或

① 李泽厚:《中国古代思想史论》,北京:人民出版社 1986 年版,第 304 页。
② 梁漱溟:《中国文化要义》,上海:上海人民出版社 2003 年版,第 27 页。

全部文化之中都有明确体现。中国传统的道德特性弥漫在文化的一切领域，"'一本万殊'是中国文化中所强调的重要思想理念，讲求文化殊途同归，道德就是一切文化的共同基础。中国传统文化讲求人生道德，在任何文化领域中，道德都贯穿始终。'德治'是中国传统的政治思想，'文以载道'也是中国古代文学的理想，其他诸如法律、教育等思想也大都以道德为基础"①。从中国文化的德性主义特征来说，传统启蒙教育中道德养成以德教为先，着重培养童蒙的道德品质和对人伦规范的遵从，目的是要通过"明人伦"实现对人伦纲常的教化。传统启蒙的价值观建构也正是通过道德教化实现普通民众对以儒家思想为核心的差等秩序的服膺，完成道德个体价值观的塑造和培育。道德养成与价值观构建在培养目标，处理道德与利益的关系、追寻理论依据等方面都有着相同的理论体系。

任何一个民族文化的核心都是这个民族的价值规范，对于中国传统文化来说，这一点特征尤为明显。中国哲学从本质上说是价值哲学，它把至善作为终极存在，认为在整个世界包括人类社会都在至善的统摄之下。程朱理学之"天理"，阳明心学之"本心"，都把德性理解为一种本体存在。因此，中国的哲学家认为价值世界存在于事实世界之上，而事实世界的基础和归宿就是价值世界。

"三纲五常"是价值观建构的核心价值。传统社会以宗法血缘为纽带，形成"爱有差等"的伦理秩序。差序格局的等级秩序既是国家的政治秩序，也是家庭的伦理秩序。德性主义的特征决定了传统社会的教育在某种程度上就是教化，教育是一种政治-道德之教。董仲舒为传统社会寻找理论依据，他把"三纲"确定为与天道紧密相连的王道，从而论证人伦纲常具有强大且不可更改的权威

① 韦政通：《中国文化概论》，长沙：岳麓书社 2003 年 10 月版，第 58 页。

性。“三纲”实质上是确立了君权、父权、夫权的绝对权威。“三纲五常”所彰显的价值体系是融社会价值（人伦）、政治价值（君权）及道德价值（仁义礼智信）为一体的价值系统，通过天人感应的逻辑建构起由天、阴阳五行和人伦组成的价值体系，终极目标是要维护中央集权的专制政体。“三纲五常”的权威性一旦确立，这种价值观的预设就会弥漫在社会生活的各个层面。在蒙书、家训尤其是女训的道德训诫中，“三纲五常”正是道德养成的核心主旨，当然也是价值观建构的核心价值。董仲舒的理论依据是以人格之天论证“三纲五常”的权威性与合理性。朱熹则以“理”来论证纲常名教的形上学根基。“极高明而道中庸”，通过“理一分殊”的逻辑演绎，极高明的天道与形而下之人道之间就有了联系。无论是董仲舒还是朱熹，他们所做的本体论意义上的论证无非是要为纲常伦理寻求理论依据，论证其具有天赋之权威。对于道德养成与价值观建构来说，教导童蒙对于人伦纲常的认知与服膺是二者共同的价值前提。

在传统启蒙教育过程中，价值观是为道德养成提供价值引导与理论指引。我们所谓的“价值观建构”，究其实质而言，指向的就是核心价值观的建构。传统社会中形成的核心价值观就是以儒家思想为核心的价值观，从学术思想上升到国家意志，儒家思想成为上层意识形态。从价值论的角度来分析，“三纲五常”的价值内涵主要包括注重人伦的社会价值观、君权至上的政治价值观、尊卑等级的秩序价值观、重视家国的群体价值观、重义轻利的道德价值观五个层面。① 后世儒学的论证多是在此基础上的损益，并未改变价值体系的整体建构。宋明理学所做的工作就是摈弃汉代儒学论证

① 赵馥洁：《价值的历程：中国传统价值观的历史演变》，北京：中国社会科学出版社2006年版。

中的神秘主义，使形而上的论证愈发精微更具有思辨性。宋明理学的价值理念，一言以蔽之，就是“存天理，灭人欲”。“天理”与“人欲”相对立，天理若要长存则需要抑制乃至灭掉人欲。而“天理”作为人的道德理性，它的实质内容就是“三纲五常”，就是儒家道德规范的总称。在“三纲五常”的价值引导下，传统启蒙教育的道德养成，既有“明人伦”的社会价值观，又有以君权为中心的对尊卑等级秩序的强调，还有先义后利的价值选择。在宗旨、目标与途径上，传统启蒙中的道德养成与价值观建构实现了统一。

其一，“蒙以养正”是传统启蒙教育道德养成和价值观建构共同的宗旨。“蒙以养正”是启蒙教育的初衷，当然也是启蒙教育欲以实现的最后结果。无论是教以识字还是教以人伦抑或教以礼乐，无一不是希望对童蒙进行正确的教育。“蒙以养正”之“正”，即是“正确”，同时也是“正面”。所谓“正确”，就价值观的培育而言，就是正确的价值观。在封建宗法社会之中，正确的价值观就是以儒家思想为主导的价值观，它可以表现为“三纲五常”差序等级的伦理秩序，也表现为“义以为上”义利观上的价值取舍，当然也可以表现为“为万世开太平”、“养浩然之气”的圣贤人格。所以，在道德养成的过程中，“蒙以养正”就要求对童蒙施以正面教育；“以豫为先”，使童蒙“见正事，闻正言，行正道”，养成正确的行为习惯和道德品质。而“正”所谓“正面”，是指启蒙教育过程中以正向教育为主，教育内容选择正向言论，教育方法采用正面管教。如朱熹在《小学》中选编“嘉言”与“善行”，对童蒙施以正向激励。在教育方法上，采用比较多的方法如奖掖诱劝、榜样垂范等等，都是这种教育思想的体现。孔子曾以射箭为例解释何为“中”，他认为正中“鹄的”即为“中”。“蒙以养正”所要追求的也正是对童蒙关键品质的养成，在价值观构建和道德养成的过程中既不能“不及”也不能“过”，要适合儿童的年龄特征和心理特点对其施以正面教育。

其二,“圣贤人格”是传统启蒙教育道德养成与价值观建构的共同目标。为谁培养人,培养什么样的人,历来是备受关注的问题。在传统社会的价值建构中,为社会培养“圣贤”是其目标。圣贤是传统社会认可的理想人格,以儒家的理论来看,是可以通过教化而实现的人格。儒家之所以对圣贤人格抱有乐观态度,是因为儒家信奉人性本善,人有善性因而可以通过教化使其发扬光大,从而可以实现“人皆可以为尧舜”。通过一系列行为规范的日常训练,对以“仁”为核心的道德德目内化,养成良好的道德品质,“圣贤”的理想是可以实现的。在启蒙教育活动中,教导童蒙立志甚为关键,要立志为学,又要童蒙理解“为学”所为何事,二程认为“为学”即是学为“变化气质”,学为“圣人”的过程。所以,在童蒙读物中,也会有诸如此类的表述,如《弟子规》中“圣与贤,可驯致”,即是认为圣贤是可以通过教育活动得以实现。

其三,道德教化是传统启蒙教育道德养成与价值观建构共同的路径选择。我国的传统文化是一种道德价值文化,注重人伦伦理,以“仁义”道德为核心内容,以“仁、义、礼、智、信”为核心价值理念,维护“君为臣纲,父为子纲,夫为妻纲”的政治伦理秩序。良好的社会秩序,美好的个体品质,都需要“教化之功”。教化从其本义的层面上来看,已包含两个层面的内容:“教”与“化”。“教”是国家与社会之“教”,“上所施”而“下所效”,是自上而下的行为。就“教”而言,传统教育中实践出了以身示范、环境感化、歌诗化育、礼仪强化等方法与手段。“化”是个体的认知内化,是由外而内的过程。通过自身的领悟与理解,将社会价值观内化为个体的价值观,养成稳定的道德品质。在长期的教育实践活动中,中国古代总结出“慎独”“存诚”“节欲”“居敬”等修身养性之法。

第二节　传统启蒙教育价值观建构的理论基础

任何一种思想或者学说的构建都有其理论基础，理论基础是思想或学说的逻辑起点和论证前提。美国道德教育理论家劳伦斯·科尔伯格指出“道德哲学和道德心理学是探讨道德教育的两个基本领域。道德心理学研究道德发展是什么问题，道德哲学则考虑道德发展应该是什么的问题。要为道德教育提供一个合理的基础，就必须把心理学上的‘是’与哲学上的‘应该’这两种探讨结合起来。”[①]道德心理学是以“真”和“是”为最高理想的科学领域，旨在对儿童道德的精神状态及其发展变化规律进行客观描述。道德哲学则是价值评价领域，以理性“应当”观照经验实践，其对道德教育更具有根本性。从道德哲学的角度对价值观建构进行理论论证，这是我们研究的逻辑起点，具有根本性的意义。

天道观讨论世界本源问题，但中国哲学把伦理道德作为思考的重点，从一开始就面向“人道”，这样一来，我们的道德观、宇宙观及认识论交织在一起，形成“天人合一”的思想模式，“必然之理”（天道）与“当然之则”（人道）合而为一。“天道”直接引出“人道”，“人道”源自“天道”。天道观为价值观的建构提供了外在依据。

人性论探究人性善恶问题，探讨人可以为善、可以教而为善的心理根据。传统文化中的人性探讨，其核心倾向即以“性善论”为主要论断对德性进行研究。尽管曾一度出现了“食色性也”等人性论断，但未能成为传统文化的主流。以血缘为纽带的宗法制，使得由天然的血亲之爱衍生出“孝悌”为本的天赋德性。人性本善的道

① 劳伦斯·科尔伯格：《道德教育的哲学》，杭州：浙江教育出版社 2000 年版，第 1 页。

德论断使得“人皆可以为尧舜”有了理论依据，同时也很大程度上决定了传统教育中道德修养论的发达。所谓的道德修养，其实就是“知性”“复性”，扩充人的良善本性。又因为良善本性是己之本性，不需要假求于外，因此，道德修养之途无他，就是己身的“良心”“良知”，这就是突出道德主体内心的理性自觉。人性论为个体价值观建构提供了内在理论根据，造就了价值观建构的可能性及必要性。

一、天道观：价值观建构的外在依据

由于中国古代缺乏西方那样的可以在世俗生活中得到普遍认同的一神教的宗教形式，因此，“天”往往成为人们为价值观念和伦理准则寻求终极支撑时的首要选择，并被赋予了丰富多彩的内涵。[①] 在价值观领域，“天”既是价值观念和伦理准则的最终依据，同时也是其外在保障。中国传统文化的德性主义特征，决定了中国的思想家们在探讨天道观时，着重考虑的是“天道”与“人道”之间的关系，尤其通过形而上学之“天道”论证名教纲常之“人道”的合理性与神圣性。董仲舒以“道之大原出于天”论证“三纲五常”的权威，通过“天人合类”和天人相类完成了道德规范形而上学的建构。程朱理学则以其哲学体系最高范畴的“理”、“天理”把道德纲常抽象化，构建了天人一理的道德本体论。朱熹通过“理一分殊”的论证，完成对“存天理，灭人欲”理论的强调，从而也实现了对传统社会国家价值观存在合理性的神圣化与客观化。

---

① 罗国杰：《马克思主义价值观研究》，北京：人民出版社 2013 年第 1 版，第 51 页。

（一）董仲舒的天道观

天道观是有关世界本源问题的探讨，但思想家们探讨世界本源主要不在论证自然之天，而多是主宰之天及义理之天，以天道来论证人世，论证世道纲常的合理性。所谓“天道远，人道迩”，正是将抽象的“天”与“人”联系起来，以天道论证人道的合理性，尤为注重人道的合理运行。西周时期，将“德”与主宰之天联结起来，协调“天志”和人意的关系。“天道靡常”（《诗经·大雅》），“皇天无亲，惟德是辅”（《尚书·召诰》），为保证国祚永续，统治者就应该实行德治善政。因此，国家的威望存续就有了天道的根据。国家的兴旺与否取决于统治者是否有“德”，是否实行仁政与德治。所以孔子对统治者提出了必须“为政以德，譬如北辰，居其所而众星拱之”的劝诫（见《论语·为政》），因此统治者应该做到以德配天。这实际上是一种天人感应论，“天”根据君主是否有德性是否顺应天意而决定授予天命与否，君主也尽人事去感应天，从而获得天命。孔子继承周代的“天道观”，“周监于二代，郁郁乎文哉！吾从周”（《论语·八佾》），但孔子更重视人事，更关注人道，所以孔子“罕言性与天道”，以至于弟子子贡认为“夫子之文章可得而闻也，夫子之言性与天道不可得而闻也”（《论语·公冶长》）。

《易经》对伦理道德进行形而上学的论证，“有天地然后有万物，有万物然后有男女，有男女然后有夫妇，有夫妇然后有父子，有父子然后有君臣，有君臣然后有上下，有上下然后礼义有所错”（《易经·序卦》）。形而上学观念的“道”，是宇宙万物分别遵循的原理。不同于老子的“道”，在《易传》那里，它不是“一”而是“多”，在日常生活中有许多这样的“道”，如君道、臣道、父道、子道，是君臣父子所应该遵守的规范。事物若要臻于完善，保住完善的状态，它的运行就必须“恰当”。这种恰当在《易》的卦辞、爻辞中就是

“正”“中”。所谓“正”，就是家人卦《彖辞》所说，“女正位乎内，男正位乎外。男女正，天地之大义也。……父父，子子，兄兄，弟弟，夫夫，妇妇，而家道正。正家，而天下定矣。”

在《易纬·乾凿度》中，曾经有“易一名而含三义，所谓易也，变易也，不易也”这样的观点。（孔颖达《周易正义》卷首引）首个意义为简单、容易；另一个意义为改变、转化；再一个意义为不变。所谓改变、转化，主要指的是各个宇宙事物的特点，而不变与简单则指的是事物之道，或者是应遵循的基本原理。即“事物变，而道不变”。[1] 事物变，道不变，天道因此成为了伦理纲常强有力的保障。

到了董仲舒那里，“天”是一个至高无上的人格神，人类社会的一切准则和观念，都可以从“天”那里找到依据。董仲舒为当时的社会新秩序提供理论根据。董仲舒认为，人是天的一部分，因此要从“天”那里寻找人的行为依据。天和人之间有密切联系，天是人格之天，“天中任阳不任阴，好德不好刑”（《春秋繁露·阴阳位》）；人是天的副本，“天有喜怒之气，哀乐之心，与人相副。以人类合之，天人一也”（《春秋繁露·阴阳义》）。

阴阳学说是社会秩序形而上学的依据。“凡物都必有合。合，必有上，必有下，必有左，必有右，必有前，必有后，必有表，必有里。……有寒必有暑，有昼必有夜，此皆其合也。阴者阳之合，妻者夫之合，子者父之合，臣者君之合。物莫无合，而合各有阴阳”（《春秋繁露·基义》）。“天”成为至善的道德化身，也是人类道德的本原。“天道”是“人道”的道德来源，而由“天”到“人”的逻辑环节则是由“天人合类”来完成。“人之为人，本于天，天亦人之曾祖父也，此人之所以上类天也”（《春秋繁露·为人者天》），以“天”来与“人”类比，“人”与“天”之间无论是形体、情感还是道德，都是“以

① 冯友兰：《中国哲学简史》，北京：北京大学出版社，2010 年版第 143 页。

类相应”，如此一来，“人道”与“天道”同一。

从天人合一及天人相类的理论出发，“人道”由此推衍出来。“君臣父子夫妇之义，皆取诸阴阳之道。君为阳，臣为阴；父为阳，子为阴；夫为阳，妻为阴”（《春秋繁露·基义》），通过天道的尊阳卑阴论证君尊臣卑、父尊子卑、夫尊妻卑。这种君臣、父子、夫妻之间的尊卑伦理秩序是绝对不变的，即所谓“王道之三纲，可求于天”。

传统文化中有“君臣、父子、夫妇、兄弟、朋友”五种人伦关系，董仲舒以“君臣、父子、夫妇”三种伦理关系为三纲，确定了封建社会的人伦秩序。在董仲舒之前的思想论证中，五伦关系的每一伦，其道德规范是双方互有要求，如父慈子孝、兄友弟恭，经过董仲舒对三纲的强调与改造之后，君臣、夫妇、父子的伦常关系则成为一方对一方绝对的服从。“三纲”“五常”合称“纲常”。在“三纲”中，还对上下等级之间的伦理关系进行了规范，而“五常”则属于个人处理各种人际关系的五种基本道德德目与道德意识，是实行“三纲”的道德保障。

王者受命于天，“道之大原出于天，天不变，道亦不变”（《举贤良对策》）。如此一来，通过董仲舒的论证，现实社会的伦理纲常与天道运行紧密联系在一起。“三纲五常”的社会秩序和道德规范有了强大的理论依据，从而实现了社会秩序和伦理准则的神圣化。作为“人道”的三纲五常因为有了神秘强大“天道”的支持，愈发彰显其不可置疑的权威与神圣。更为紧要的是，这样威严而神圣的“大原之天”，它是稳固不变，具有不可更改的属性，因此出于“天道”并受其支配的“人道”也是不可变易不可更改，成为了维系宗法社会长治久安的制度保障。

（二）程朱理学的天道观

董仲舒的学说以人格之天为人伦秩序寻找形而上学的依据，

而在宋明理学的思想中，“天”则是通过抽象的概念“理”，把人世间的价值准则同天道运转的永恒规律联系起来。董仲舒与程朱学派所做的都是把一定历史条件下的道德规范、纲常名教形而上学化，为它们找到理论依据，并作为一种超历史的存在永存下去。只不过在董仲舒那里，他找到的形而上学的依据是“天命”，到了朱熹这里，这个形而上学的依据他称之为“天理”或“理”（即“太极”或“道”）。

何为“天理”，即“且所谓天理，复是何物?”难道“仁义礼智，岂不是天理”，“君臣、父子、兄弟、夫妇、朋友，岂不是天理”（《文集》卷五十九）。天理就是封建道德纲常的抽象化，也是二气五行天地万物的根源与本体，所以，朱熹明确说“理便是仁义礼智”（《语类》卷八十二）。这样的论证，与二程一样，朱熹以“理”为本的宇宙观就具有了道德决定论的意义。

从道德本体论出发，朱熹把封建伦理纲常的来源归结为“理”，“未有这事，先有这理。如未有君臣，已先有君臣之理；未有父子，已有父子之理”（《语类》卷九十五）。君臣之理、父子之理先于现实中君臣关系、父子关系的存在，即是说君臣关系与父子关系的现实事实还未生发之前，已有君臣与父子之间所应遵守的道德规范。这里体现出来的逻辑论证就是，朱熹先把“人道”抽象为形而上学的“天道”（即“天理”），然后由“天道”再推出“人道”。

由“天道”推衍“人道”的逻辑环节则是“理一分殊”。“理一分殊”是对二程思想的继承与发挥，朱熹认为，“合天地万物而言，只是一个理；及在人，则又各自有一个理”（《朱子语类》卷一）。从万事万物的总根源来看，只是一个理；而又从理推之万事万物，则又各自分有“一理”。分有不是分割，万物分有的理是完整之理，不是部分之理。理一分殊的理论带有佛教思想“月映万川”的痕迹，是朱熹吸收了佛教派别禅宗和华严宗思想之后的运用。朱熹直接引用“一月普现一切水，一切水月一月摄”，并赞赏彼思想与己思想有异曲同工之妙。

“理一分殊”既在“一理”，更在“分殊”。“分殊”即是差别，具体到人伦纲常，就是君臣之理与父子之理的分殊，从而论证伦理纲常的等级差别及宗法等级道德的合理性。“万物皆是此理，理皆同出一源，但所居之位不同，则其理之用不一。如为君须仁，为臣须敬，为子须孝，为父须慈。物之各具此理，事物之异其用，然莫非一理之流行也。”（《朱子语类》卷十八）万物都是一个完整的理，但由于气禀的多少及粹驳不同，造成了理在万物的显现或全或偏，造就理之分殊的不同。

朱熹的天道观与董仲舒的天道观相比并无二致，都找到了一个永恒存在的“天”或“理”，以此为本原论证名教纲常及传统价值观的合理性。但朱熹的天道观更多了一些思辨的形式，以“理”为核心，通过“理一分殊”的逻辑环节，论证宗法等级道德的来源。如果说董仲舒的“天”是主宰之天、人格神之天，那么朱熹的“天”则是“义理之天”。

就启蒙教育而言，天道观并没有直接出现在诸如蒙书、家训、女训等著作之中，而是多以默认的理论前提存在。无论是蒙书、家训还是女训，贯穿其中的价值观是儒家“三纲五常”的伦理纲常，作为道德养成的核心内容直接心照不宣，作为既定事实存而不论。在启蒙教育的价值观建构过程中，以朱熹、王阳明等为代表的上层儒者和思想家做了大量的理论论证，在他们所著的启蒙读物中，直接体现了他们的哲学思想，这其中当然包括他们的天道观和人性论。如朱熹在其《小学》题辞中说，“元亨利贞天道之常，仁义礼智人性之纲”，一句话直接概括他的天道观与人性论。蒙学读物之所以如此简略论述不加长篇论证，乃是因为启蒙教育施教对象的理解力不足以语以深奥。但就价值观建构的理论基础而言，天道观与人性论又是我们不得不加以阐释与论证的关键问题。

二、人性论：价值观建构的内在依据

探讨人性问题是为个体价值观的建构提供内在根据。通过对人性问题的种种论证，传统社会的思想家们强调了价值观教育和道德养成的可能性与必要性。传统文化致思于人生领域，不重来世不重超脱，看重的是今世有为与否，所以传统文化中有关人生问题的思考尤其发达。人性问题上的种种观点，概括来说，大致可以分为两种：自然主义的人性论与德性主义的人性论。中国的先贤思想家的思考重点不在“食色性也”的自然主义人性论，而是“仁义礼智”“我固有之”的德性主义人性论。正是因为人性本善，所以美好道德品质才能养成，价值观才能得以建构，道德教化才有可能性。也正是因为人性之“善”只是“善端”，“天地之性”会因“气禀不同”而有不善，所以道德养成的过程更需要道德修养与道德教育的参与，如此更能彰显出道德教化的必要性。

（一）性善的人性预设

张岱年在其论著《中国哲学大纲》中曾指出，“中国性论有一特点，即以善恶论性；关于性的主要观点，是性善和性恶的问题。即反对以善恶言性者，也只是说性无善恶而止，不更详论性之实际内容。此其故何在？自来论性者，并非专为研究性而研究性，而是为了讨论修养、教育、政治，不得不讨论性。”①从这段论述中我们可以看到：其一，中国的人性论是以善恶论人性，人性是善是恶，须有分说；其二，对于人性问题的讨论是为了讨论道德修养与政治教化，

① 张岱年：《中国哲学大纲》，南京：江苏教育出版社 2005 年第 1 版，第 241 页。

并非专为讨论人性问题。应该如何实施教育，应该如何实施政治教化，教育家与政治家包括思想家在内都需要考虑人性问题，因为人性问题是学说构建的理论基础。无论是旗帜鲜明地提出人性论断，还是在其思想体系中作为既定假设存而不论，人性问题都是施教者施政者必须面对的问题。

人性问题的讨论始于先秦，诸子百家观点纷呈，甚而相互对立。秦汉以降，人性论的探讨日益丰富多彩，更多地从形而上学的理论高度对人性问题理论化神圣化，以助于解释差等伦理秩序的合理性。在先秦思想家提出的各种观点的基础上，后世学者又提出了“性三品说”、“性善情恶论”、“性二元论”、“心性一元论”等各种理论观点。观点之间的争锋，不同学派之间的争论，其实质无非就是探讨善恶的根源以及如何去恶成善的问题。儒家思想无论是性善论抑或性恶论，还是后世儒家思想家的种种学说，都是从现实政治教化道德教育出发，落脚于现实政治与道德的需要，是要教人为善。不仅要教人为善，而且要对人性抱有乐观，相信人亦可以为善，“人皆可以为尧舜”。

儒家思想之所以坚信圣贤可以培养而成，原因在于传统儒家认为良善之性是上天赋予于人，人要做的就是在生活中不断地修养善良的本性使之更完美，正如《中庸》所言“天命之谓性，率性之谓道，修道之谓教”。因此，儒家道德养成的形而上的根基是人性本善。尽管荀子主张人性恶，但他更注重阐明人的性恶可以经由教化而成善，即荀子更注重后天的道德养成。

从我国启蒙教育思想的发展历程来看，尽管难以排除其他派别或思想的渗透，但蒙学思想的主流始终蕴含着儒家济世利民的理想抱负、厚德载物的情怀以及自强不息的精神境界。在人性假设这一关键问题上，蒙学思想所承继的也是始终在我国传统思想中占居主流地位的儒家性善论思想体系。

我国传统文化受儒家思想特别是孔孟思想的深刻影响，在人性问题上，儒家的性善论则属于占据传统文化主导地位的人性预设及价值取向。《论语·阳货》记载，孔子认为“性相近也，习相远也”，由此可见孔子并不是以善恶去论人性，只是认为人的天性均非常相近，而人性后来的差异，则与教习相关。新儒家学派大家徐复观曾对此问题有过分析，他认为尽管孔子没有将仁即是人性的道理明讲，但他却认为人的性均是善的，这种理念从实质上来看便是仁。出于给人们成就理想人格寻找一个合理的内在依据考虑，孟子则将孔子语焉不详的人性论渐渐引向了性善论的方向。[①] 尽管孔子没有对“性与天道”有过专门论述，但是他的“性相近，习相远”这一观点，却是对“性与习”关系的深刻认识。“性习关系”成为道德教育必须面对的一个重要问题。对于该问题，孔子不但指出了人的生性是个体品德差别的自然基础，还对环境与后天教育的重要功能作用给予了强调。后来思孟学派便以“性相近”思想为基础进行发展，提出了性善论观点，而荀子一派则发挥了“习相远”思想，并提出了性恶论观点。正是孟荀两派的人性学说，开启了儒家善恶论人性问题的理论辨析，后世的儒者们在人性问题上进行了各种努力与探讨，有意弥合两者的分歧。

孟子以“心善言性善”，认为人有“仁义礼智”等道德人性，并将此作为人与动物区别的重要标准。徐复观指出，孟子所说的“仁，人心也”这句话，从本质上看与“仁，人性也”意义相同。孟子认为“人之所以异于禽兽者几希”，是因为“无教，则近于禽兽”所导致。而且人有道德，先天具备恻隐、羞恶、辞让、是非等心理，这些都是人性的善端，由此便生出了仁、义、礼、智等基本道德，属于人先天具备的良善本能，也是人与动物有所区别的关键所在，即“仁义礼

① 徐复观：《中国人性论史(先秦篇)》，上海：华东师范大学出版社 2002 年版，第 36 页。

智，非由外铄我也，我固有之也，弗思耳矣”(见《孟子·告子上》)。仁义礼智的本有“善端”正是人的“良知”与“良能”，这种“良能”“良知”是“不学而能”“不虑而知”的，即“人之所不学而能者，其良能也”，“所不虑而知者，其良知也”。良知良能可以促使个体行事符合道德规范，即便是儿童，也能爱亲敬长，“孩提之童无不知爱其亲也，及其长也，无不知敬其兄也”。之所以爱亲敬长，原因无它，因为仁义通行于天下，“亲亲，仁也；敬长，义也；无他，达之天下也”(见《孟子·尽心上》)。

孟子认为，正因人存在仁、义、礼、智等与生俱来的人性善端，人的自我完善及道德修养，甚至成就理想人格就有了坚实的内在依据。同时孟子人性具有善端的论断也为道德教化带来了必要性和可能性。道德教化的可能性在于人性本善，可以通过教化培养道德品质。道德教化的必要性在于仁义礼智四种德性仅是“善端”而已，并不是现实固定不变的道德品质，它需要时时生成，所以需要道德教化之功。假如不能时常“反身而诚”，扩展“善端”并使其发扬壮大，那么人性之“善端”就可能渐渐萎缩乃至消弭。这个失去良心的过程就像手执斧头砍伐树木，日夜不息，“放其良心”，造成的后果很是严重。人如果不能对“善端”进行扩充，“不足以事父母”，侍奉父母都难以做到，更不能“保四海”。孟子“求放心”要达到的目的就是人性善端的扩充：“凡有四端于我者，知皆扩而充之矣。若火之始然，泉之始达”(《孟子·公孙丑》)，“苟能充之，足以保四海”，即通过后天的教育引导和道德培育，拓展人的“善端”，使潜在的“善端”成为现实的道德品质。

不过，孟子提出的人性本善之说，对现实中人的“恶”从何而来这一问题解释不够，所以屡受质疑。荀子的性恶论很好地解释了现实中人的“恶”从何而来这一关键问题，但显而易见的是，荀子学说中的“性”与孟子学说中的“性”，在本质上明显存异。孟子之

"性",属于人之所谓为人的基本特质,涵盖仁、义、礼、智四善端,并不是既成的状态,也极易丢失,假如得不到扩充,则可能全部丧失。而荀子所谓的"性",具备"天之就"、"不事而自然"、"生之所以然"等特点,是人所拥有的满足人生存与发展需求的自然属性,属于人生而具备的行为或性质。孟子所言人性只是一点可能的萌芽或倾向,且需扩充才可以完成,此种人性便与荀子所说的"性"有了区别。

关于人性讨论的历史发展,在《中国哲学大纲》中,张岱年先生论断,我国先秦时期是各种性论纷纭涌现并难以统一的特殊时期;前汉时期,性有善恶论支持者众多;从后汉到唐代,则是性三品论占优势时期;宋至明代中叶,则是性两元论盛行时期;明末到清代,则是性一元论占主导地位时期。[①] 先秦性论纷纭未有定论,性善性恶各持己见自成体系。性三品说的出现,则是对性善论与性恶论进行调和。性三品说最早由董仲舒提出,后来相继经过王充、荀悦、韩愈等人不断发展并完善。董仲舒肯定人之性有善有恶,即"名性不以上,不以下,以其中名之"(见《春秋繁露·深察明号》),同时他将人性以仁贪之性的比例分为三个等级。先天性善者是不教而成的上品圣人之性者;先天性恶者是教亦不能为善的下品斗筲之性者;先天有善有恶是教而后能善的中品"中民之性"者,即"圣人之性,不可名性""斗筲之性,又不可以名性""名性者,中民之性"(见《春秋繁露·实性》)。"性待渐于教训而后能为善;善教训之所然也,非质朴之所能至也"(见《春秋繁露·实性》)。王充和荀悦等对该学说进行了完善和发展,即对"习"的教化之功给予了重点强调,认为纵然是极恶之性者,也可通过教习而使之向善,去恶成善。

① 张岱年:《中国哲学大纲》,南京:江苏教育出版社 2005 年版,第 240 页。

宋代出现的人性二元论，即天地（即义理）之性与气质（即气禀）之性二分法，其初衷是立足宇宙本体论视角对善恶来源进行分析与论证。最早由张载提出，后来程颐对其进行完善，朱熹将其进一步发展成比较完备的理论形态。人性二元论应该说是对前述人性论做了总结，如朱熹就强调张、程之说对圣门极有功，且对后学有补，认为“诸子说性恶，与善恶混，使张、程之说早出，则这许多说话自不必分争”，因而“张、程之说立，则诸子之说泯矣”（见《朱子语类》卷四）。张载认为天地之性原本纯善无恶，而气质之性则存在善恶区别。因此他提出了“为学大益，在自能变化气质，不尔，卒无所发明，不得见圣人之奥，故学者须变化气质”的观点（见《经学理窟·义理》），认为君子应以“变化气质”为要务，凭借修养功夫，提升内在修为，化性为善。

通过上述分析可以看出，对于人的最初德性这一问题，大多数研究者均强调人即便具备最初的德性，也仅仅属于一种人性之“善端”，一个人的真正德性，应该是通过后天的道德教化与环境熏陶所渐渐形成，且德性的形成将贯穿在人的一生之中。在《论语·为政》里，孔子对自己的德性之生成进行过阐释，即“吾十五而志于学，三十而立，四十而不惑，五十而知命，六十而耳顺，七十而从心所欲，不逾矩”。良好德性的形成有一个循序渐进的过程，需要长期坚持不懈地修身养性，“反身而诚”（孟子），“化性起伪”（荀子），“变化气质”（张载）。

各种蒙学读物吸收和秉持了儒家教化理念，希冀通过学养修身从而化育德性。传统启蒙教育倡导从“小学”阶段即应开始良好习惯的培育涵养，进而为“大学”阶段的道德完善打下坚实基础，成就“圣人坯璞”，这也是大部分蒙学读物都将人性本善作为其人性价值预设的重要原因。经典童蒙读物《三字经》开篇即以“人之初，性本善”的论点预设了人性本善，在“性本善”的基础上，对后天教育和环境熏陶("习")的重要性给予了高度重视,认为"性相近,习相远",本性大致相同,若有不同,则是后天"习"的结果。善良本性易失,"苟不教,性乃迁",唯有实施有效的"习"与"教",才能使人的善端(最初相近之性)不至于湮灭。人性的扩充与完善,要通过内在修养与外在教育相结合",造就理想的人性,培育童蒙理想人格。

但蒙学读物和圣贤经典相比具有明显不同,因其所面对的对象属于儿童群体,决定了启蒙读物不可以进行大篇幅地阐述、论证,而必须好记、简单、易于理解。在宋代之前的各种蒙学读物中,很少明确提到人性问题,更遑论做出人性善恶的判断。这并不是对人性善恶刻意不提,而仅仅是将人性本善作为既定前提存而不论。导致这种现象的成因有以下几点:第一,我国古代的人性论本身,并非是专门为人性研究而去研究人性,而是在对修养、德行教育以及政治等进行研究时,不得不去讨论人性问题。[①] 第二,各种蒙学读物将教会儿童读书识字作为基本初衷,后来出于维护封建统治秩序与伦理纲常的目的,才增加了伦理教化内容。特别是在宋代,理学研究者纷纷针对童蒙教育著书立说、开经讲义,人性善恶问题也正是在这个时期进入了蒙学读物。不仅《三字经》的开篇如此,其他的童蒙教材中也存在不少专论,比如朱熹、陈淳、程若庸、罗泽南等理学家编撰的蒙学教材等。《小学》是理学大家朱熹哲学思想的集中体现,他在该书的题辞中针对"天道"和"人性"这样写道:"元亨利贞,天道之常;仁义礼智,人性之纲。凡此厥初,无有不善;蔼然四端,随感而见"。朱熹认为人之初具备仁义礼智四个善端,并且在书题中他提出了"习与智长,化与心成"的观点,对习惯养成的重要作用给予了肯定。朱熹对性与习、性与善等关系的阐述,和先前的儒家学说相比,既有继承,也有创新。陈淳作为

① 张岱年:《中国哲学大纲》,南京:江苏教育出版社 2005 年版,第 240 页。

朱熹的得意门生之一，在童蒙教材的编撰上继承了朱熹人性问题上的基本论断。在《经学启蒙》中陈淳同样提出了“天地性，人为贵。无不善，万物备”等观点，认为“圣与我，心同然”“性相近，道不远”。程若庸编著的蒙学教材《性理字训》，则应用通俗易懂的语言对宋代理学中的一些观点给予了解释，使童蒙教育获得了更多的理论支撑。程若庸将“性之所能，无有不善”作为一章单独阐述，并将善恶一章单独列出，认为“为性之善，是曰天理”才是为人之道。清代文人罗泽南出于让蒙学更适合儿童特点的目的，还将《小学》创新编成四字韵语的阐述形式，形成了《小学韵语》一书。此书集中体现了性善论的观念，主张“人之初生，至善者性，仁义礼智，天之所命”，还将孟子的“四端说”浓缩为四句：“恻隐辞让，羞恶是非，蔼然四端，扩而充之”。

民间则相继出现《增广贤文》《小儿语》《一法通・万法通》《续小儿语》《名贤集》等较具影响的童蒙读物，但对人性善恶普遍存而不论。不过，尽管存而不论，这些读物并没有排除人性本善这一预设，而是以怎样做好人做好事等论述来替代了性善论。《名贤集》写出了“但做好事，莫问前程”的朴素道理，而《续小儿语》则倡导“说好话，存好心，行好事，近好人”、“君子口里没乱道，不是人伦是世教……君子胸中所常体，不是人情是天理”等。以蒙学读物为载体，蕴含在这些短句中的儒家世俗伦理，在宋代之后的各个历史时期广泛流传，在我国民间社会有着较大的影响，对社会主流道德观念的形成起到了一定作用。

（二）因人之情的现实人性

人性本善的价值预设最终指向作为“人之应然”的理想人性。然而人本身是现实的个体，既有物质需要，也有精神需要。《礼记・礼运》将喜、怒、爱、恶等七情六欲称为人情。用现代语言来说,《礼记·礼运》中说的人情是人的精神需要,是人之为人的本能情感。传统儒学将"性"与"情"都赋予了道德主义的色彩。在传统儒学主流观点看来,如同对"性"一样,对"情"也是可以做出善恶道德判断,进一步来说,"性"与"情"相通,而情感与理性则处于对立状态,是应该"中节",应该有所节制的。《中庸》有言:"喜怒哀乐之未发,谓之中,发而皆中节者,谓之和。"对人情进行调适与约束,从而"致中和",由此达到的"中庸"道德境界,是儒家追求的目标。

然而,《礼记·礼运》中说的人情与现实生活中的"人情"也有着巨大的差别。现实生活中的"人情往来"中的"人情",虽然与"人之情感"仍有着关联,表现为"人之常情",但更多地体现了在现实生活中人性的复杂性,是一种"实然之人性"的体现。具体来说,这种"人情"是人际交往的依据和规范,在人际交往中表现为人际关系的"润滑剂"。在一定程度上,通过"人情",熟人社会得以维系,陌生人得以成为熟人。作为人际交往之依据的"人情",既指熟人社会的人际关系,又指交往双方在交往中的情感和情面。作为人际交往之规范的"人情",也包括如下两方面含义:一方面,"人情"也是一种"情",讲求情感上的彼此认同;另一方面,"人情"讲求礼尚往来,重视"对等性",即人际交往中精神层面和物质层面的对等报偿。① 传统的中国社会是熟人社会,也是人情社会,正如费孝通所说,每个个体都以自己为中心画圆圈,这些圆圈如同石头投入水中激起的涟漪,一圈一圈向外扩散,不同圆心的圆圈在这种扩散中有了交集。"人情"就像涟漪的相交,集中体现了传统的人伦关系中做人与做事的统一。在传统的人伦关系中,各种各样、纷繁复杂的"人之常情"都是现实生活的构成元素。固然,爱是人之常情,热情、慷慨、忠诚、同情是人之常情,但另一方面,恨也是人之常情,冷

① 肖群忠:《论中国文化的情理精神》,《伦理学研究》2003年第2期。

漠、虚伪、嫉妒也都是人之常情。[①]“人之常情”既有道德的因素，也有不道德的因素，只不过一般来说道德的因素压制了不道德的因素，从而使得社会秩序得以维持，使整个社会能够保持正常运转。

尽管我国古代蒙学读物类型繁多、数量庞大，但有一点也可以明确，即不同的教材，所体现的文化价值观存在明显区别。相对来讲，《千字文》《百家姓》《龙文鞭影》《声律启蒙》等读物不具备强烈的道德教化意图，而以教育儿童识字作文和知识传授为主。但《小学》《小儿语》《续小儿语》《弟子规》《经学启蒙》等蒙学教材，则主要传导儒家正统价值观，强调道德修身。《一法通·万法通》《增广贤文》《名贤集》等蒙学读物除了具备儒家伦理教化内容之外，体现出的价值观带有较为浓厚的功利色彩，多有世态炎凉、世道险恶之论，并融进了很多的世俗谚语与生活格言，传递顺势而为、趋吉避凶之道，即“世俗智慧”[②]与“处世之道”。尽管这样的读物相对较少，但多少折射了本民族的心理、性格和行为意识。如较具代表性的《名贤集》《增广贤文》，这两部读物的形成年代目前尚难以认定，从其内容来看，呈现出雅言俗语兼而有之的特点，据考证早在清代后期即在民间风靡，产生了很大影响。从两书的实际内容来看，它们并非真正的童蒙读物，但鉴于两书透彻阐述了世态炎凉、人情冷暖，尤其是相应提出了处事对策，因此在民间流传甚广，也成为重要的童蒙读物。如《名贤集》中就存在大量的诸如“衣服破时宾客少，识人多处是非多”、“财高语壮，势大欺人”等通俗内容。而在《增广贤文》中这样的内容也有很多，如“贫居闹市无人问，富在深山有远亲”、“画虎画皮难画骨，知人知面不知心”、“人情似纸张张

① 赵汀阳：《论可能生活》，北京：中国人民大学出版社2004年版，第231页。
② 陈来：《蒙学与世俗儒家伦理》，载《中国近世思想史研究》，北京：商务印书馆2003年版。

薄，世事如棋局局新”等。诸如此类的内容，经过民众的口耳相传，逐渐沉淀提炼，既是对生活经验的归纳总结，更是对社会现实的形象描述。另外，两书还融进了不少规范人之行为的劝诫性内容。比如在《名贤集》中就有“老实常在，脱空常败”、“但行好事，莫问前程”、“人无远虑，必有近忧”、“常怀克已心，法度要谨守”、“量小非君子，无度不丈夫”、“休争三寸气，白了少年头”等内容，《增广贤文》中也有“饶人算之本，输人算之机”、“宁向直中取，不可曲中求”、“责人之心责已，恕已之心恕人”、“来说是非者，便是是非人”、“闲事莫管，无事早归”、“知足常足，终身不辱”、“再三须重事，第一莫欺心”等类似的语句。

综合来看，这类蒙学读物主要有如下共同点：首先，这些蒙学读物体现出功利性特征，对现实世界持有悲观性的看法，指出利益与力量在现实社会通行无阻，而真正的情义即便存在，在现实的世界中也会处处碰壁。① 比如《增广贤文》中，就有诸如“有钱道真语，无钱语不真”、“三十不豪，四十不富，五十将来寻死路”等不少质疑真心实意、讥讽世道人心的语句。其次，这类蒙学读物有自相矛盾的地方。如《增广贤文》中的“人善被人欺，马善被人骑”与“人恶人怕天不怕，人善人欺天不欺”在价值观上就是背道而驰的。有学者用“背反性”来表述这种自我矛盾，具体来说，是“道德自我解约的背反性”。在负面信念的支配下，道德行为主体从不道德行为本身、行为的结果、行为的对象中寻找理由，为自己的不道德行为进行辩护，从而使自己从道德的自我谴责、良心的自我叩问中抽身，乃至“问心无愧”，达到自我解脱。这种对道德原则之约束力的瓦解或削弱，就是道德解约。② 或许出于这样的原因，清朝周希陶修

① 陈弱水：《公共意识与中国文化》，新星出版社2006年版，第125页。

② 高申春：《道德与不道德之间：从道德解约机制看人类道德行为悖论》，《吉林大学社科学报》2000年第3期。

订《增广贤文》，改编成书为《重订增广贤文》，删除了《增广贤文》中怀疑和讥讽世道、人性、人心的语句，以免这些内容对儿童产生负面影响。

蒙学读物中的这种“道德自我解约的背反性”，究其原因，主要体现在以下几个方面：

首先，这类蒙学读物不是完整著述，不具有系统性。如《增广贤文》，即呈现出雅言与俗语兼有的特征。这些读物的作者与具体成书时间大都难以认定，体现出“集体人格”的特征，可以说是“民间集体创作”的结果，在结构、体例、思想观念上缺乏整体性和一致性，更多地是民间智慧的松散组合。这种松散性与儒学重视体悟而不重视论证的传统有关。中国传统哲学相对忽视逻辑论证，而比较看重生活中的实证抑或神秘的内心之冥证。① 与此相应，在这类蒙学读物中，既有以警句、箴言、格言等形式表现出来的圣哲贤人之体悟，也有民间谚语俗话，所以在体例上也呈现为片段和短句的集合，而不是逻辑严密、结构严整的篇章，也明显缺少缜密的分析和论证。这种缺乏体系性的零散片段很难在整体上保持逻辑的一贯性和自洽性，因此，在这类读物中往往会出现自相矛盾和逻辑背反。

其次，除了儒家义理，这类蒙学读物也包括了佛家和道家的相关内容。经过长期的历史沉淀，儒释道三家思想的融合在这类读物中表现得较为明显。例如《续小儿语》有“天公不要房住，神道不要衣穿，与其将佛塑画，不如救些贫难”的言论，这些劝导帮贫济困的内容是儒家慈善思想的体现；《增广贤文》中的“一头白发催将去，万两黄金换不回”隐含了道家的天命观；《增广贤文》中的“善有善报，恶有恶报”直接引用了佛家因果论。在蒙学道德教育体系

① 张岱年：《中国哲学大纲》，南京：江苏教育出版社 2005 年版，序言第 9 页。

中，乃至在同一部蒙学读物中，彼此相去甚远的道德价值观同时存在，自然就会出现仁爱与自私、入世与出世、进取与消极等相互冲突、彼此解约的内容。①

再次，在封建社会的经济基础上自然产生的意识观念与儒家宣扬的道德理想之间存在着错位，这在一定程度上导致了蒙学读物中的道德背反。封建社会在经济上是以自给自足的小农经济为主，在此基础上自然产生的核心观念是自利、爱家的观念，而儒家道德理想是主张家国同构，但自利、爱家的观念无法自然而然地生成公正仁爱的公德。钱广荣教授认为，在自利、爱家观念支配下，人们往往置他人与国家整体利益而不顾，在这样的道德价值取向下，即便不侵害他人或国家利益，对他人的生存与发展显然也是无益的，因此并不符合统治者的实际需求。儒学道德教化的一个重要目的和使命，就是要引导小农经济的主体（小生产者）关心他人，关心国家利益。② 也就是说，儒家力图基于自利观念构建社会公德和道德理想。这就为蒙学读物中的各种悖论埋下了伏笔。

（三）实然与应然

实然与应然是最初在法学中出现的一对范畴，“实然”属于事实范畴，是对实际如何的客观描述，“应然”属于价值范畴，是“应该如何”的价值判断。实然与应然的双重性可应用于启蒙教育的人性假设中。根据这种人性假设，人是实然与应然的统一。人既是生成的，是现实的、事实的、经验的存在，又是预成的、理想的、价值的、超验的存在。各种教育的初衷，在于培养理想的人、完善的人，造就理想人性、健全人格。这里的理想人性是一种“应当”之人性，

---

① 王习胜：《蒙学典籍的道德背反性省察》，《道德与文明》2010 年第 5 期。

② 钱广荣：《仁学经典思想的逻辑发展及其演绎的道德悖论》，《江海学刊》2008 年第 4 期。

它是对实然的人性的反思，指向人性的完备状态。作为人的应然存在方式，道德的最终指向是规范人的行为、指导人的生活，因此道德最终要化为社会成员的日常生活习惯和行为规范。[①] 在实然-应然的张力作用下，人能够在各种现实生活关系中，在具体的社会实践中，发挥主观能动性，不断超越自身的“实然”之存在，去追求和不断趋近“应然”之状态，实现人之所“应是”。

道德教育中有关实然-应然关系的研究，可以从马克思哲学中找到理论源头。在马克思哲学中，人性既包括人的自然属性和社会属性，又包括人的主观能动性。具体来说，作为人本质上的规定性，人性包括如下几方面的内容：一是人的自然属性，是人的肉体存在及其特性，是人生来就有的；二是人的社会属性，是作为个体的人在后天实践活动中所形成的；三是人所具有的认识和改造客观世界的主观能动性。[②] 将这个关于人性的三重规定应用于教育学，就能得到实然与应然的人性假设。

恩格斯在《反杜林论》中曾说，正因人类个体是来源于动物界，这一事实也决定了人类永远难以将兽性完全摆脱，所以问题可能仅仅是摆脱得多些，或者少些。[③] 道德教育的对象是现实生活中具体的人。而严格的性善论价值预设往往把应然之人性设定为实然之人性，故基于严格性善论价值预设的道德教育在现实中往往不得不折中妥协，将经典中的价值理念，转化为对现实生活有规范意义的价值体系，也就是说，将理论的价值系统转化为现实的社会规范体系。[④] 这种由理想价值理念转化而来的社会规范，与其说是儒家道德规训，毋宁说是世俗智慧。这种倾向在宋代以后的各类蒙

---

① 鲁洁：《道德教育的当代论域》，北京：人民出版社 2005 年版，第 1—10 页。

② 罗国杰主编：《伦理学》，北京：人民出版社 1989 年版，第 441—442 页。

③《马克思恩格斯选集》第 3 卷，北京：人民出版社 1972 年版，第 140 页。

④ 陈来：《中国近世思想史研究》，北京：商务印书馆 2003 年版，第 409 页。

学读物中更为突出。在这些蒙学读物中，人性假设体现为人性之实然与应然的统一。陈来教授认为，对中国传统文化价值系统的研究一般在两个方向上展开：一个方向是经典中的理想价值体系，另一个方向是民众日常行为和生活中体现出来的现实价值取向。[①]蒙学读物是儒家伦理思想的延伸和儒家教化思想的下移，把儒家圣贤经典中的道德理想和价值观念，转化为儿童日常生活中的行为规范。因此，性善论在各类蒙学读物的总体价值取向上仍处于主流地位。这种人性论为后天道德教化的可能性提供了理论依据。梁漱溟看到了中国传统文化中含有使人积极入世、努力向上的价值理想和价值诉求，从而用"相与之情厚，向上之心强"概括中国人的人生态度和中国传统文化的特点。始于"人之初，性本善"，基于性善论的人性假设，《三字经》这样的蒙学读物教导儿童先义后利、积善成德、追求圣贤理想人格也就是自然而然的事情了。

我国古代的传统人性论具备先验论的特点，依据马克思主义学说来分析，是存在内在缺陷的。尽管如此，我们也不能认定我国传统人性学说就是错谬之说。就如张岱年教授所说的那样，人类的思想史，决不是谬误思想的累积，而是追求真理的动态过程和真理的现实发展历程。[②] 因此，辩证地评价传统人性学说，剔除传统人性学说中的负面消极思想，吸收、借鉴其积极合理的内容，这应该是我们对待传统人性论的基本态度。

第三节　传统启蒙教育价值观建构的价值取舍问题

义利问题是中国哲学中的重要问题，也是中国传统价值观的

① 陈来：《中国近世思想史研究》，北京：商务印书馆 2003 年版，第 409 页。
② 张岱年：《中国伦理思想研究》，南京：江苏教育出版社 2005 年版，第 78 页。

首要问题。义利观常与群己观、理欲观紧密相关，这三者在中国传统文化中既相互联系又有区别，是中国传统文化的核心问题。义利观是进行价值选择时所面临的最基本问题，也是我们形成道德价值观的关键因素。如何平衡个人利益与公共利益，道德准则和物质追求关系，这是义利问题要解决的主要价值问题。先秦时期，有关义利问题的讨论，诸子百家给出各自的回答，观点纷呈甚而相互对立。儒家思想主张应当讲求做人做事道义为先，遂提出重义轻利，无需计较个人利益得失，应少问多做；墨家则给出不同的回答，墨家强调行为既要符合正义，又要对人对己都有利，因此提出义利并举，以天下人利益为主，义利兼顾；法家肯定生民欲“利”，主张利以生义论，是一种功利主义的价值观；道家认为，“不就利”，应当不求利益，“不违害”，超脱于义利，反对人为求利。

宋明之际，理学流派与反理学派在义利问题上又掀起一次大的论辩。这一时期的义利之辨不再局限于辨析义与利，而是把义利之辨和理欲之辨结合起来，上升为学术派别的主要主张。以程颐和朱熹为代表的理学派主张要严辨义利，因为义与利对立，“出利则入义，出义则入利”。在理欲观上，则是强调存天理去人欲，以道德自觉去除欲望。北宋的李觏、王安石等人认为，物质生活相较于道德教化，更具有主导意义。叶适、陈亮等南宋思想家则认为应当义利兼顾，义与利、理与欲的统一，重视“事功”，反对“正谊（义）不谋利，明道不计功”的传统思想。

在传统蒙学经典书籍中，涉及对童蒙义利问题的教育，主要表现为对儿童进行道德规范的教育，引导儿童树立正确的义利观，正确认识义与利，实现正确的价值追求。在童蒙读物中既有“但行好事，莫问前程”、“施恩不望报，望报不施恩”的纯粹出于自觉理念的行善，也有“万般皆下品，唯有读书高”、“满朝朱紫贵，尽是读书人”的功名利禄的引诱；既有“可以寄命，可以托孤，一临大节，死生不渝”的见义勇为，也有“见事莫说，问事不知，闲事休管，无事早归”的明哲保身。[①] 在启蒙读物当中，将“应当怎样”的道德追求和“是怎样的”现实状态相互进行对比参照，从而映照价值判断与现实生活的张力，如此一来更能彰显出蒙学读物的真实性和意义价值。

一、天下事，惟义利而已

“凡欲为学，当先识义利公私之辨”（《象山语录》卷四）。从古至今，义利问题一直受到各派思想家极大的关注。在思想史的发展过程中，各派思想家有关义利观及公私观和理欲观的论述极为丰富。宋代理学家程颢明确提出严辨义利的观点，“天下之事，惟义利而已”（《河南程氏遗书》卷十一）。儒家思想集大成者朱熹认为“义利之说，乃儒者第一义”（《文集》卷二十四），强调“学无浅深，并要辨义利”（《朱子语类》卷十三）。他提出要严辨义利之正邪，因为君子和小人的区别也正是在“义”与“利”上“趋向不同”。为“义”是趋向“圣人之域”，“凡事不可先有个利心，才说着利，必害于义。圣人做处，只向义边做”（《朱子语类》卷五十一）。为“利”则是趋向“愚不肖之徒”，堕入小人之途，在价值选择和价值取向上有别于君子之心。

儒家在义利问题上彰显出明显的道义论特点，孔子主张“义以为上”、“义以为质”，孟子坚持“去利怀义”，荀子坚持“以义制利”、“以礼节欲”的基本原则。特别需要指出的是，儒家的义利观涉及到的理论问题，是关于行为原则、道德价值标准及理想人格的问题，并未完全涵盖道德与利益关系的所有论述，在此之外，如孟子并未否定物质利益对道德水准的深刻影响。儒家的义利观是行为

---

① 徐梓：《蒙学读物的历史透视》，武汉：湖北教育出版社 1995 年版，第 3 页。

的当然之则与个人私利之间的关系。“义者，宜也”(《中庸》)，即是“适宜”，也就是在日常行为活动和人际交往过程中，人所要遵循的道德准则。利，一般指功利，在儒家思想家那里，就是个人的私利私欲，如富贵功名，利禄事功。义是行事依据的准则，利是物质利益的追求，义利问题实质是在面临价值选择时义与利何者为先的问题，是道德义务和个人利益的关系问题。因此，后世有关义利问题的争辩，最终也就是公利与私利之间的博弈。在中国思想史上，从古至今儒家重义轻利的思想一直深入人心，儒家主张“义以为上”，对义利问题给予高度关注，最主要的原因在于：

其一，“为义”与否是区分君子和小人的价值标准。在儒家思想体系中，义利观与理想人格及道德修养的关系极为密切。“为义”还是“为利”可以作为判别君子和小人的价值标准。在面对利益选择时，君子与小人有着不同的价值追求。孔子提出“君子喻于义”，君子以义为上，以义为质，看到货财会想到道义；“小人喻于利”，小人更在乎个人利益，这就是两者间最大的区别。孔子还提出，“君子怀德，小人怀土；君子怀刑，小人怀惠”(《论语・里仁》)，君子所思的是道德，而小人只会选择有利可图之地，君子想的是法制，而小人想的是小恩小惠。求富贵，去贫贱，都应该以符合“义”为前提。“富与贵，是人之所欲也”，富贵如果不以其道而得，不处也；“贫与贱，是人之所恶也”(《论语・里仁》)，贫贱如果不以其道而去，不去也。孔子不反对追求“利”，认为富贵乃人心所向，但孔子认为追求富贵应当符合道义之说，不得违反道义原则，“不义而富且贵，于我如浮云”(《论语・述而》)。利益要通过正规途径来获得，遵循义以为上的原则，“见利思义”。

孟子坚持“去利怀义”的价值原则。“怀义”还是“怀利”作为道德标准，可以评判君子与小人。孟子曾言“鸡鸣而起，孳孳为善者，舜之徒也”，“鸡鸣而起，孳孳为利者，跖之徒也”《孟子・尽心上》，这二者之间的区别无外乎“利与善”，即为“义”还是为“利”的问题。“为义”是君子所为，圣人的品性；“为利”是小人之行，盗跖的品质。为义还是为利成为区别君子和小人的价值标准。君子之所以为君子，就在于“为义”，把“义”作为行事原则，对于人生意义的重要“甚于生者”。也就是说，为了“义”之实现，牺牲生命也在所不惜，“生亦我所欲也，义亦我所欲也。二者不可兼得，舍生而取义者也”（《孟子·告子上》）。孟子以义为做人做事的基本标准，认为其余的可以忽略，提出“大人者，言不必信，行不必果，惟义所在”（《孟子·离娄》）。但是如果不符合义，那么君子绝对不会去做，“非礼之礼，非义之义，大人弗为”。

荀子的义利观主要原则是“以义制利”，在此前提下，义利“两得”。因为人有好利的欲望，需要以“义”的道德理性节制“欲利”之情。君子是“利少而义多为之”（《荀子·修身》），甚至应该“唯义之为行”（《荀子·不苟》），正是君子所当为。小人见到有利可图就会不顾道义，“不学问，无正义，以富利为隆，是俗人者也”（《荀子·儒效》），“唯利所在，无所不倾，若是则可谓小人矣”（《荀子·不苟》）。虽然荀子肯定人性“好利”，君子和小人都追求利，但是荀子更注重以义制利。“好利恶害，是君子小人之所同也；若其所以求之之道则异矣”（《荀子·荣辱》），人之好利之欲，君子小人所同，但求利之道不同，君子求利以义节之，小人则放弃道德理性不加节制。荀子把义利与荣辱结合起来，以“先义”还是“先利”以分荣辱，“先义而后利者荣，先利而后义者辱”（《荀子·荣辱》），同时也是区分了君子与小人。

宋明之际，二程和朱熹把义利问题上升为儒家伦理思想的首要问题，无论是二程的“天下事惟义利而已”还是朱熹的“义利之说乃儒者第一义”，均是把义利之辨作为儒家思想的基本议题，上升为直接关系到个人能否遵循人伦纲常等级秩序的问题。相较于先秦时期儒家正统的义利观，二程在义利问题的看法更为片面，“大凡出义则入利，出利则入义”（《河南程氏遗书》卷十一），义利不能同时并存。二程强调“惟看义当为不当为”是区分君子与小人的价值标准，“孟子辨舜、跖之分，只在义利之间”（《河南程氏遗书》卷十七）。朱熹提出“义者，天理之所宜也；利者，人情之所欲也”（《朱子语类》），把义利问题和理欲问题联系起来，义利理欲并举。义利观上朱熹主张“为义”是行事的行为规范和价值取向，“圣人只向一边做”，“圣人要人止向一路做去”（《朱子语类》卷五十一）。在理欲问题上他认为学者必须要“革尽人欲，复尽天理”，若能实现“存天理灭人欲”则是“向圣贤之域”，否则就是“趋愚不肖之徒”。

其二，义利问题涉及到“兴天下利”的价值选择。义利问题本身包含两个相互联系的层面：义利关系首先是指道德与利益的关系，或者是道德义务与个人利益的关系问题；义利关系的第二层意思是公利与私利的关系问题，它涉及的是如何利众人、利社稷的问题。从本质上看，这也是儒家理想人格要实现的政治理想，即君子人格的进一步延展。“君子之仕也，行其义也”，君子人格修齐治平，道德品格转化成政治理想，即“修己以安人”“修己以安百姓”。以这样的标准来衡量，能够得到孔子认可“以德为政”的只有子产，“有君子之道四焉。其行己也恭，其事上也敬，其养民也惠，其使民也义”（《论语·公冶长》）。因此，孔子主张要“因民之所利而利之”，并把“惠民”纳入为政“五美”[①]之中。孟子认为“君臣父子兄弟去利怀仁以相接也，然而不王者，未之有也”（《孟子·告子下》），义利问题的取舍是直接关系到社稷天下的大事。荀子强调“公义胜私欲”，他提出“法制礼籍，所以立公义也，凡立公所以弃私也”（《荀子·威德》），应当将伦理至法与公正无私紧密结合在一起，从而将

① “惠而不费，劳而不怨，欲而不贪，泰而不骄，威而不猛”。（《论语·为政》）

"义"作为治理国家的重要手段。

宋明之际兴起一轮义利之辩的新思潮，此时的思想家纷纷提出各自观点，主要是以朱熹为代表的道义论的义利观和以叶适、陈亮为代表的功利主义的义利观。论辩的焦点也是集中于道德价值的最后标准问题，即正谊（义）与谋利、明道与计功的关系。以程朱为代表的理学家把义利观与公私观联系在一起，对义利问题进行深入分析。程颐认为"义利云者，公与私之异也。较计之心一萌，斯为利矣"（《河南程氏粹言》卷一），直接把公私与义利一一对应，而且明确提出计较心即是利。程颐倡导"公义胜私欲"的道德价值观，对公义赋予高度评价。具体到治理国家方面，程颐认为王安石变法的社会改革运动，如果通过"养民"来实现强国，通过"保民"来完成强兵，那么"兴利"则是可取。宋明理学家的义利观以"兴利"为基石，将儒家的义利观拓展延伸至公私观，充实了儒家义利观的思想内涵。

儒家提出重义轻利，义以为上，公利为重，这种价值观具有重要的现实意义。对于民众而言，儒家义利观主要有两个方面的积极影响，一是作为一种价值理念，倡导重义轻利能够提升人的道德品性，最终实现最高的价值追求；二是公利为重的价值观能够增强人的社会责任意识，以定国安邦利济天下为己任，从而有助于士人树立整体利益的理念。儒家的义利观具有明显道义论特征，这是与儒家的理想人格和道德修养等问题密切联系在一起。君子修齐治平的政治理想，与重义轻利的义利观实质上具有了相同的意义。在义利观上，儒家强调对个人利益的追求要以义为上，惟看当为不当为；在事关公利与私利的关系之时，儒家赞成利民利社稷的行为，但不以"事功"作为评判行为的价值标准。

在启蒙教育活动中，对童蒙义利观的建构是通过强调德行得以实现。童蒙教育首要是培养伦理道德规范，至于才智知识的培养则是在"有余力"的情况下完成。我们熟知的《三字经》，被联合国教科文组织纳入“世界儿童道德教育丛书”，究其原因正是它的内容中包含丰富的道德规范。无论是《三字经》教导儿童应当“首孝弟，次见闻”的道德规约，还是《弟子规》中“有余力，则学文”对学习顺序的强调，道德规范应为童蒙学习的首要目标。教育正是通过上所施下所效的引导使童蒙“作善”，教育要做的就包括使童蒙学会处理道德与利益的关系，尤其是公利与私利的关系。在义利观这一问题上，传统的蒙学读物以行为规范的形式对童蒙进行教导，倡导儒家先义后利、重义轻利的价值观。值得一提的是，启蒙读物中存在思想杂糅的现象，明显表现为在儒家道义论的义利观之外，还杂糅对童蒙进行功名现实追求的教导，对“闲事少管”明哲保身的论述。这本身也是道德的当然之则与现实利益的实然存在之间的冲突与表现。

二、先义后利的价值取向

严辨义与利的价值取向，意义极为重大。取义还是取利，事关君子与小人、“舜之徒”与“跖之徒”、荣与辱的根本区别，而且事关社稷是否安定及社会风气的好坏。因此，儒家特别强调义与利的价值取舍是儒者“第一义”，对于普通人来说也是如此，要明确自己在义利问题上的价值取向。引导童蒙对义利观问题的认识，在其幼小之时即要“养正”。现代心理学和教育学认为儿童时期是人生中最重要的一个阶段，这一阶段对人的影响伴随一生，至关重要。儿童受到的教育并不会随着时间的流逝随之消失，而是扎根在人的潜意识当中，并且通过不同的方式展现于外，塑造着儿童的性格和品质。“勿谓小儿无记性，所历事，皆能不忘。故善养子者，当其婴孩，鞠之使得所养”（《养正遗规补编·诸儒论小学》），对儿童及早施教，古代思想家于此问题给予了高度关注。“教妇初来，教子婴孩”,“妇训始至,子训始稚”,在儿童年龄较小之时即开始养正教育。我国心理学家朱智贤认为婴儿的行为主要是受直接作用于他的事物所支配,一旦把这些事物挪开,儿童的心理活动也就随之停止或改变。到了学前时期(指儿童 3 到 6—7 岁),由于儿童在教育影响下,皮质抑制的迅速发展和第二信号系统的初步发展,行为的自觉性就渐渐发展起来,能逐渐使自己的行为服从较远的目的,这就为形成儿童的个性倾向提供了主要条件。这种最初的个性倾向在人的一生中都会保留它的痕迹,因而在人的心理发展上具有一定的作用。[①] 在义利观问题上,对儿童进行教育时,蒙学读物将儒家所提倡的义利观进行了更为具体详细的改编,更注重礼仪规范,以谚语或格言等方式书写成文,通俗易懂晓畅明白,极易激发儿童的浓厚兴趣。通过对童蒙行为规范的教化,传统社会希望藉此实现儒家经邦济世的政治理想。就启蒙教育的价值观建构而言,主要通过以下几点实现对童蒙的义利观教化:

其一,告诫儿童义利问题的重要性。“凡君子小人、善恶、义利、轻重之辨,莫不为之反复晓告,恳切开谕,以发其心志,而责之以必为。荣耀之,愧耻之,使之欢忻鼓舞,日趋于善。而本然良心,得以保全,而不至于破坏。是今日救时第一义也。”[②]

其二,晓谕儿童严辨义利的目的。为学必先立志,立志正是要立下成就理想人格之志。理想人格不仅是自身道德人格的完善,也包括对天下社稷的责任担当。“学之道,必先明诸心知所往,然后力行以求至”,为学先辨志,志于学,志于道,严辨义利,“知止而后有定,定而后能静,静而后能安,安而后能虑,虑而后能得”。[③] 儿

---

① 朱智贤:《儿童心理学》,北京:人民教育出版社 1980 年版,第 141—142 页。

② 韩锡铎主编:《中华蒙学集成·诸儒论小学》,沈阳:辽宁教育出版社 1993 年版,第 1092 页。

③ 朱熹:《四书章句集注》,北京:中华书局 1983 年版,第 3 页。

童小学所学之事，以行为规范和道德礼仪的养成为主，学习应对进退之道，是教之以事的阶段。大学则是要明其理，才是真正领悟事情本质的阶段。启蒙时期，儿童应当明白读书所为何事，“古之学者为己”，修身为本，从而齐家治国平天下。因此，在小学阶段，启蒙教育中就包含对儿童“利济天下”的教诲，《三字经》中教导儿童“幼而学，壮而行，上致君，下泽民”，这句话正是对儿童读书为学功利追求的直接表达。为学能够使人实现政治抱负，还能够“扬名声，显父母，光于前，裕于后”，为宗族争光，使祖先显耀。

其三，提出利益选择时的基本原则。在涉及到道德与利益的关系时，蒙学读物遵循的基本价值取向是儒家“义以为上”的价值观。启蒙教育的义利观主要表现为具体的行为规范，一般说来，主要包括以下几个方面：重义轻利，以义为先，“钱财如粪土，仁义值千金”（《增广贤文》）；“些小利，莫见尽，论彼此，俗了人”（《改良女儿经》）；“名利是缰锁，牵缠时，逆则生憎，顺则生爱；富贵如浮云，觑破了，得亦不喜，失亦不忧”（《重订增广贤文》）；仁爱利他，与人恩惠：“凡取与，贵分晓。与宜多，取宜少”（《弟子规》）；“处富贵也，要矜怜贫贱的痛痒”（《重订增广贤文》）；取之有道，用之有度：“用人物，须明求。倘不问，即为偷”（《弟子规》）；“君子爱财，取之有道；小人放利，不顾天理”（《重订增广贤文》）。在童蒙读物当中，这一类格言比比皆是，如《重订增广贤文》中还有“听话如尝汤（知咸淡），交财始见心（知义利）”、“速效莫求，小利莫争”等等表述。启蒙教育在义利问题上遵循的基本原则集中表达为“先事后得”（《论语・颜渊》）、“先难后获”（《论语・雍也》）[①]，反复强调“君子爱财，取之有道”，取利以义为先。

值得一提的是，在蒙学读物中，既有儒家先义后利重义轻利的

① 语出《论语・雍也》：“仁者，先难而后获，可谓仁矣。”

价值表达，也有现实生活功名利禄个人私欲的功利追求，仁爱与自私并存，进取与颓废同在。儒家思想中仁爱利他的价值观不再单一存在，蒙学读物中出现了许多与之相反的价值表述，以《增广贤文》为例，其中就有“人为财死，鸟为食亡”、“各人自扫门前雪，休管他人瓦上霜”的言论。有学者①将此种矛盾归结为道德自我解约的背反性，并分析了这种道德背反性背后的深层次原因，既有经济层面的原因，即我国小农经济生发不出儒家利他的道德理想，也有学理发展的因素，即儒释道三派思想的杂糅，在蒙学读物中以一种融合的方式体现出来。道德原则的当然之则与现实生活的实然存在之间的矛盾及张力，这也是我们在分析启蒙教育价值观建构时应当注意的问题。“不能自圆其说的哲学决不会完全正确，但是自圆其说的哲学满可以全盘错误。最富有结果的各派哲学向来包含着显眼的自相矛盾，但正是为了这个缘故才部分正确。”②蒙学读物中的这种道德规约的背反性存在也是儒家思想世俗化过程的结果，我们不能据此就否认启蒙教育的意义与价值。儒家主张的义利观在启蒙教育中的真切反映，这也是我们在进行价值观建构时着重关注的问题。

第四节　传统启蒙教育价值观建构的方法与途径

传统启蒙教育的价值观建构，即是如何把作为意识形态的价值观念化为民众日用而不觉的行为规范。在由上而下的价值观建构过程中，价值观的一元与多元的问题，价值观在“小学”阶段与

① 王习胜：《蒙学典籍的道德背反性省察》，《道德与文明》2010年第5期。

② 罗素：《西方哲学史》(下卷)，何兆武，李约瑟译，北京：商务印书馆2004年版，第143页。

“大学”阶段构建时的有机衔接问题，都是特别需要处理的关键问题。传统社会以儒家思想为核心的价值观建构是在同其他各派思想的冲突中不断完善，也包括儒学自身内部的发展与完善。价值观在启蒙教育阶段以养成教育为特征，但同样以“明人伦”把封建社会的差等秩序通过教化的途径教导童蒙。

启蒙教育通过学校、家庭及社会教化的途径实现价值观建构，无论是官学、私学还是家学，包括社会教化，都是儒学世俗化的表现。通过“上行之，下效之”的教化途径，儒家所倡导的价值观为民众的日常生活提供价值指引，内化为民众的行为习惯和心理特质。

教化既是国家与社会之教，也是道德个体自身之化。国家与社会之教，强调道德教化主体的重要作用，通过以身示范、艺术熏陶、奖掖诱劝、环境感化等方法，实现道德养成的目标及对童蒙价值观的培育。道德个体之化，重在激发道德个体的道德自觉，通过立志为学、逆境磨砺、知过则改、知行合一等方法，道德个体合外化与内化为一，养成道德品质。对于启蒙阶段的童蒙而言，定力较弱，内化之法多以行为规范入手，至于“居敬”、“穷理”、“慎独”、“节欲”等修养之道，则是有待时日思虑有所主，在基础道德认知及道德行为之后的进一步修养。

一、价值观建构的途径

启蒙教育阶段的价值观建构，也是以儒家思想为核心的价值观的建构。儒家价值观确立为封建社会处于主导地位的价值观，这一过程也是不断受到冲击和挑战的过程，既有儒学内部自身思想的修正，也有来自道家与佛教的不同价值观的冲击。在相互影响之中，儒家价值观也在不断发展完善。因此，就启蒙教育的价值观建构而言，面临的两大主要问题，一是价值观的一元性与多元性问题，二是价值观建构的阶段性与连续性问题。这两个问题是价值观建构都要厘清的主要问题，涉及到核心价值观与多元价值观的关系，也涉及到价值观建构过程中不同层次及不同教育阶段价值观培育如何有机衔接的问题。

价值观的一元性与多元性问题。价值观的一元性指的是一个国家和社会中必须有一种占据主导地位的价值观，这种价值观是人们的价值指导和行为处事的基本原则。在这个社会中价值观可以多元化，不同的阶层不同的人群可以有多种价值选择，但有一个基本前提，即民众共同服膺于某一种特定的价值观。在绝对普遍的意义上来说，某一特定社会、民族、国家乃至单个人所形成的价值观必须是一元的，因为一元论的价值观是特定社会和民族赖以生存与独立发展的唯一正确选择，同时也是每个具体个人实现其完整人生的价值观基础。[①] 在共同的价值目标之下，个人可以拥有相对具体的多样化价值选择及其相对独立性。

价值观的多元性主要表现为某一价值规范的多层次性。这种多层次性既是社会民众不同道德水平的表现，也是某一价值规范在不同领域的表现。以传统社会的价值规范“孝”为例，按照《大戴礼记》的记载，“孝有三：大孝尊亲；其次不辱；其下能养”。“孝”即有三个层次的体现，首先是家庭伦理规范的要求“能养”，做到对父母的身体奉养，这是“孝”的最低层次；能够不辱没父母之名，显亲扬名，显然是比“能养”高出一个层次；孝的最高层次则是“尊亲”，是对父母双亲发自内心的尊重。

传统社会以儒家思想为宗构建起来的价值观，也是在一元与多元的相互关系中展开。儒家的价值观能够确定为封建社会占据

① 唐凯麟主编，王泽应著：《中华民族道德生活史先秦卷》，上海：东方出版中心 2014 年版，第 21 页。

主导地位的价值观，离不开儒家思想家的理论建构，更离不开国家层面的倡导与规定。主流价值文化就是一个社会中占据主导地位的以意识形态为核心的文化，它本身就是以君主为代表的国家文化。儒家价值观正统地位确立的过程，也是在与各学派思想的论辩中、在与各种价值观的冲突中得以确立。在未确立为封建社会的核心价值观之前，儒家思想与墨道法等各个学派之间存在着价值观的冲突，借助董仲舒的理论论证，汉武帝独尊儒术，确立了儒家价值观的统治地位。在此之后的历史发展中，我们可以看到儒家价值观也一直是在多元价值观的冲突中存在，魏晋之际的玄学与道学之争，宋明之际的义利理欲之辨，与一直如影随形的儒道思想观念共存，并受到东汉之际传入我国的佛教思想的冲击。在多元化的价值观中，以儒家思想为宗的价值观确立为封建社会的价值观，成为主导社会民众的价值指引。

价值观建构的阶段性与连续性。这个问题涉及的是“大学”阶段的道德教育与“小学”道德教育如何有效衔接的问题。一般意义上，我们倾向于把中小学阶段的教育理解为养成教育，尤其是小学阶段，儿童所要学习的内容以礼仪规范和道德规约为主。传统社会所要建构的价值观不仅仅是道德价值观，更重要的是要建构起以政治价值观为主导的价值体系，即以“三纲五常”为核心的国家意识形态。小学阶段的“知其事”到大学阶段的“明其理”，这个过程中价值观不能割裂更不能断层。

价值观建构过程中的阶段性指的是小学教育与大学教育的不同阶段。小学阶段的道德教育教以“洒扫、应对、进退”的礼仪规范，教以礼乐射御书数的相关知识，是文化知识的教育，也是日常伦理的基础性教育。小学阶段的道德教育是为进一步的学习和提升奠定基础。大学阶段的道德教育有别于小学阶段的养成教育，在“三纲五常”的价值观指引下，以“大人之学”为目标，培养修齐治平的圣贤君子。

价值观建构过程中的连续性指的是价值观在道德教育不同阶段的一贯性。无论是“小学”阶段的道德教育还是“大学”阶段的道德教育，在传统社会中，价值观的统领作用一以贯之。传统社会的道德教育更近于道德教化，它是一种政治-伦理之教。诚然，没有独立于政治之外的道德，但传统社会的这种政治伦理化、伦理政治化的特征尤为明显。小学阶段的道德知识教育、行为规范的养成教育，都是在一个大前提下进行，即以“明人伦”作为启蒙教育的目标。“明人伦”正是明人伦纲常的差序秩序，明父子、君臣等关系的基本规范。从这个意义上说，小学阶段的养成教育与大学阶段的价值观教育是一致的。

自汉武帝“罢黜百家，独尊儒术”，儒家思想成为传统社会的统治思想，以“三纲五常”为核心内容的价值体系也成为国家的意识形态。汉代建构起来的价值体系既包括“明人伦”的社会价值观，也包括“尊君”的政治价值观，还包括“仁义礼智信”的道德价值观。这样的一套价值体系，其建构需要遵循从上而下的逻辑，即如何把作为国家意识形态的价值观普及为民众日用而不知的生活伦理，从而对民众的文化、心理、习俗、观念产生强大的主导作用。在这个过程中，道德教化的功能得以彰显。“教”，上所施下所效；“化”，“教行也。教行于上，化成于下”(《说文解字》)。教化二字合称，我们可以看出价值观建构需要合“在上者”与“在下者”二者之功。教化正是价值观建构的手段与途径。

教化之义其一在“上行之，下效之”，首先是效法“天之道”，遵循天之秩序，遵循自然之天的规律。孔子曾言“天何言哉？四时行焉，百物生焉”(《论语・阳货》)，人作为自然的一份子，要效法天不以人的意志所主宰的规律与天理；教化之义其二在圣人“神道设教”，以先知觉后知。“民有质朴，不教不成”，是以圣人效法天道而教民。民效法圣人的言行，从而以自得于己，因而圣人重言传身教，尤为强调身教重于言教。“下之事上也，不从其令，从其所行”（《礼记》），居下位者更容易模仿居上位者之行，单纯地命令反倒收效甚微。在上位者对居下位者的影响比影之随行还要快，“上行下效，捷于影响”（《四书章句集注・大学章句》）。所以，教化之功在移风易俗化育人心方面尤为重要。

在中国传统文化的语境中，“教化”首先是一个政治概念，而不是一个教育概念。教化本身虽然含有教育的含义，但远不止于教育，它更侧重指向国家用意识形态来统一民众的思想，从而维护自己的统治。从这个层面上来看，教化比教育、德育包含的内涵要丰富得多。作为一个政治概念，教化尤其强调的是，对于国家来说，重要的不是“善政”即如何凭借外力治理国家，而是“善教”，即通过教化手段来化育万民。所以孟子曾言，“善政民畏之，善教民爱之”（《孟子・尽心上》），正是看到了对人心教化的重要性，远胜于外在的治理，“善政”比“善教”更得民心，因此孟子认为“善政不如善教之得民也”。

在传统启蒙教育过程中，教化主要通过学校教育的途径和非学校教育的途径来实现。启蒙教化的载体以蒙书、家训及女训为主，同时也有其他一些乡规民约之类的道德训诫。传统社会启蒙教育的完成既要靠政府支持的官学，也要依靠私学的有力辅助；在学校教育之外，还存在着传统社会特有的家学家教等形式，亦有社会教化的广泛参与，在生活各个层面切于日用而不知的润物无声。

学校教育的途径。就启蒙教育而言，既有官学亦有私学。一般而言，启蒙教育仅在为数不多的时间内有体制官学的教育，而官学教育又因其规模和招生范围的限制，受教童蒙非常有限。启蒙教育的大部分教育职能是由私学来完成。私学的表现形式多样，名称也多有变化，大致来说，私学是自筹经费的私塾、家塾等形式，也有一些私学获得部分经费资助，如宋朝时期民间兴起的“冬学”及“社学”“义学”等，由地方士绅等出资助学。学校教育应该是实施教化的基本途径，官学则有国家官吏体制的塾师委任，私学也有士绅的参与，因此作为上层的意识形态相对容易完成上传下达。

家庭教育的途径。家教从其归属来说，应该也是私学的范畴。家教即家传，是在家庭范围内完成的教育。家庭中对儿童的启蒙教育，既有一般家庭的道德规范教育，如孟母对孟子的教育，欧阳修之母教等；也有渐成体系的家庭教育范本，如颜氏家训、朱子家训及温公家训等，都是自成体系的家庭教育范本。传统社会的家国同构的社会结构，使得家庭成为教化的重要途径。家庭教育有力地弥补了学校教育的不足。无论是家训还是女训，均是家里长辈承担起教化之责。父祖之教以及母教都是家庭的重要形式。

社会教育的途径。非学校的教育途径除去家庭教育之外，还有社会教育的形式。社会教育在本研究中论述较少，一般而言，社会教育更多是一种日常生活的活动，在这些活动中融入了教化的内容。社会教化的形式多样，如乡规民约、戏曲小说、节庆仪式乃至造房架屋等等，都承载着社会教化的内容。

价值观建构从其实质上看，本身是作为国家意识形态的核心价值观以何种方式融入到普通民众生活的问题。陈来曾指出，蒙学在儒学世俗化的过程中居功甚大。正是蒙学将儒家义理高深的理论化为童蒙朗朗上口的启蒙读物，传统社会的道德教化才真正融入民间生活，实现了自上而下的教化。

二、价值观的教化之法

对于国家而言，良好的价值观不仅表现为个体内在的道德品质，也反映了社会的良好秩序，因此无论是思想家还是政治家都对价值观的教化予以强调。所谓“教化之功”，其实质包含两层含义：一是国家和社会之“教”，二是个体成员之“化”。国家和社会之“教”，即国家和社会把其所期望的价值观传授给道德个体，这是道德养成和价值观形成的第一阶段；道德个体在接受了来自外部的观念之后，通过自身的领悟、修养与揣摩，把社会的价值观内化为个体的价值观，这是道德养成与价值观形成的第二个阶段。在价值观的建构过程中，这二者相辅相成，共同致力于价值观的培育与道德品质的养成。在“教”的方法上，启蒙教育活动中积累了不少行之有效的课学之法，如诱掖奖劝、艺术熏陶、环境陶冶、榜样垂范等方法；在“化”的方法上，启蒙教育中也有针对童蒙心理的修习之法，如立志勉学、逆境磨练、改过迁善、知行合一等方法。

（一）国家和社会之“教”法

国家和社会之“教”，通过道德教化的主体得以实现。道德教化的主体具体而言，可以是官学体制的经师，也可以是私学教育中的塾师，亦可以是家庭教育的长辈。在传统社会中，拥有教化权力的又不止于上述人等，上层士绅、中下层儒者都可以从事道德教化之职。因此，国家和社会之“教”法，即从事道德教化之主体所采用之法，多以以身示范、环境感化、制度激励、利益诱导及礼仪强化为主。

以身示范。教化旨在“上行之，下效之”。以身示范其一是统治者要率先为民众做出表率。教化是居上位者从天道而到人道的过程，因此居上位者要以天道自教教人。“君者，仪也，民者，景也；仪正而景正；君者，盘也，民者，水也；盘圆而水圆”（《荀子·君道》），人君的喜好及行为举止对民众的价值追求具有导向作用，总之，“上者，民之表也”（《大戴礼记·主言》）。在道德方面，明君要为民众做好榜样，以身作则，“‘道之以德’是躬行其实，以为民先。

如必自尽其孝，而后可以教民孝；自尽其弟（悌），而后可以教民弟（悌）”（《朱子语类》卷二十三）。“明主统治，莫大身化”（王符《潜夫论·叙录》），因此居上位者要特别谨慎自己的言行，以身教人，移风易俗。

“上行下效，捷于影响”（《四书章句集注·大学章句》），以身示范其二是教师要品性端方谨言慎行，通过自身的言传身教化育儿童。“为师者，弟子之所效法。其师方正严毅，则弟子必多谨饬；其师轻扬佻达，则弟子必多轻诞”（清·石天基《训蒙辑要》），在启蒙教育的过程中，教师的言传身教无疑意义巨大。言传行“有言”之教，身教行“无言”之教。对于处于模仿能力很强阶段的童蒙而言，身教之法更重于言教之法。“主教有本，躬行为起化之源；谨教有义，正道为渐摩之益”（《四书训议》卷三十二），教师应当做到为人师表，通过自己的行为举止来影响学生。教师自身必须做出榜样，如果自身都不端正，如何服众？“苟正其身矣，于从政乎何有？不能正其身，如正人何？”（《论语·子路》）“吾未闻枉己而正人者也”（《孟子·万章上》），也只有在己身端正、以身示范的前提下，道德教化的效果才能发挥出来，“其身正，不令而行”（《论语·子罕》）。

“老子偷瓜盗果，儿子杀人放火”（《小儿语》），以身示范其三是父母要承担教育子女的责任，在家庭教育中潜移默化教育童蒙。教化之职，并非为教师所独有。父母是儿童最为亲近之人，也是传统社会施教的重要力量。在儿童成长过程中父母占据重要地位，父母的行为举止潜移默化中影响着孩子的成长与发展。“夫风化者，自上而行下者也，自先而行后者也。是以父不慈则子不孝，兄不友则弟不恭，夫不义则妇不顺矣”（清·张行简《塾课琐言》），在家庭生活中，儿童长期受到父母言行的熏陶，因此会以父母为榜样，模仿父母的言行举止。传统社会的固有家庭模式，使得家教家训盛行。

在启蒙教育活动中，施教者也可以通过列举历代嘉言善行让儿童效法。生动具体的道德榜样，既有大禹治水这样的往圣贤人，也有儿童身边德高望重之人，如《童蒙训》一书，吕本中曾以其曾祖正献公等为例列入其中。从古至今，中国历史上的文人圣贤数不胜数，道德榜样比比皆是，例如孔融让梨、子路负米等，这些故事都可用作蒙童的榜样垂范。因此，在启蒙教材的编写上，许多蒙学书籍都通过列举嘉言善行作为教育儿童之资。如《童蒙训》利用名人名言来说理，《小学》录入古人事迹供儿童效仿，《二十四孝》则是以孝教化儿童。儒家的微言大义化为蒙童易懂易知的揖让言辞，以身示范、以例施教，可操作性强，便于儿童直接效仿。在《小学》一书中，朱熹曾专列一章，为儿童整理历代名闻轶事，如"孔子尝独立，鲤趋而过庭。曰：'学诗乎？'对曰：'未也。''不学诗无以言。'鲤退而学诗。他日又独立，鲤趋而过庭。曰：'学礼乎？'对曰：'未也。''不学礼无以立。'鲤退而学礼"，以孔子教导孔鲤读诗学礼之事晓谕儿童读书立身。再如《童蒙训》中曾提及"杨应之劲挺不屈，自为布衣以至官，于朝未尝有求于人，亦未尝假人以言色也。笃信好学，至死不变"，教导儿童要做正人君子，行事坦坦荡荡。

艺术熏陶。文艺作品具有化育品德的作用，原因在于它能用真情动人，具有润物无声的力量，使儿童在耳濡目染和潜移默化中得以教育。启蒙教育借助的教化形式以"礼教"为主，通过礼仪强化规范童蒙的行为。在"礼教"之外的"诗教"与"乐教"则是艺术熏陶的主要形式。以歌诗化育儿童，其意新其效显，这种方式和方法深受儿童喜欢。儿童本性活泼好动，教之歌诗以顺其天性进行教育，便可在无形中对其教化，育其德性。"故凡诱之歌诗者，非但发其志意而已，亦所以泄其跳号于歌诗，宣其幽抑结滞于音节也。异之习礼者，非但肃其成仪而已，亦所以周旋揖让，而动荡其血脉，拜起屈伸，而固束其筋骸也。讽之读书者，非但开其知觉而已，亦所以沉潜反复而存其心，抑扬讽诵以宣其志也”（王守仁《训蒙教约》）。

启蒙教育活动中的歌诗化育之法，既可以体现在启蒙教材的编写形式上，亦可以体现在启蒙教育的教化内容上。就启蒙教材的编写而言，三五成句，几句一韵，富于音律，朗朗上口。既有语言之美，兼具音韵之和。启蒙教材如《神童诗》《千家诗》等即为此类代表。另有诗歌大家的作品，尤以陆游的“示儿诗”为代表，在以诗训子方面独树一帜。就启蒙教材的教化内容而言，文艺熏陶体现在培养温柔敦厚的“诗教”品格和诗教所倡导的价值理念。

从本质上看，诗教与乐教都是一种情感教育。孔子曾言“兴于诗”“立于礼”“成于乐”，以诗起兴，兴发人之仁爱情感，因为仁爱情感是一切的本源。情感教化是所有教化方式中的首要教化形式。“温柔敦厚”正是诗教的特质，通过诉诸感性的诗歌艺术进行道德品性的教育。诗教与道德教化紧密相连，“志之所至，诗亦至焉；诗之所至，礼亦至焉”（《礼记·孔子闲居》）。同样，“乐者，通伦理者也”（《礼记·乐记》），乐教亦承载道德教化职能。诗教和乐教采用艺术化手段使其成为道德教化的理想工具，培养人们温柔敦厚的性格和文质谦和的人格。

诱掖奖劝。善用奖惩在教育活动中意义重大。奖惩法是指利用奖励的方法对学生进行积极强化和惩罚的方法进行消极强化，从而改变学生的道德行为。① 奖励作为正向激励多被教育者使用。惩罚这种消极强化方法因颇具争议，使用时要慎之又慎。在启蒙教育活动中，施教者以正向管教积极引导为主，“小学书应多说那恭敬处，少说那防禁处”②。儿童本就对师长怀有敬畏之心，师长再

---

① 檀传宝：《学校道德教育原理》（修订版），北京：教育科学出版社2003年版，第163页。

② 沈灌群，毛礼锐：《中国教育家评传》，上海：上海教育出版社1989年版，第250页。

对其严加管束，严厉的塾师甚而“鞭挞绳缚，若待拘囚”，童蒙则会“视学舍如囚狱而不肯入，视师长如寇仇而不欲见”（《训蒙教约》），远避学舍仇视师长，这势必会增加道德教化的难度。所以教育儿童要多鼓励，少拘检，循序劝诱，略施以威。同时，教育活动要关注到儿童的性情差异，对于资质一般的学生要以鼓励为主，“鲁钝者，锐气易衰，即使一知半解，仍要极言嘉许”，“聪颖者，骄心易启，即使日新月异，切记过于揄扬”（张行简《塾课琐言》），对于聪慧颖悟的学生，则不可过于褒奖，益增其骄。

诚如朱熹所言小学要“少说那防禁处”，淡化消极惩戒，在启蒙教育之时，更应重视“豫”的作用，以“豫”为先。“豫”是指在事情尚未发生时事先加以阻止。程颐认为“人之幼也，知思未有所主，须将格言至论日陈于前”，儿童幼小之时，思虑还未定性，需要以格言至论教育之。“古人生子，能食能言而教其小学之法，以豫为首”（《河南程氏文集》卷六），在能吃饭会说话时即开始施教，预先施教。以“豫”为首是指将欲念扼杀于萌芽之际，即为“未病先治”，从而逐步培育出端正的德性，“天下主事，无本则不正。小学，是学之本。保自然之和，扼未萌之欲，日就月将，以训致大学，教之序也”（陈献章《记程乡县社学记》）。道德教育是循序渐进的过程，培养高尚的道德品行非一日之功。良好的品行和不端的品行都由细节逐步累积形成。所以，先哲重视以“豫”为首的教育，一指禁于未发，如上所述；一指禁于微，意为防微杜渐。“君子不谓善小而不为也，小善积而成大善……小善不积而大善不为”（《淮南子·缪称训》）。

环境感化。环境对个人道德的发展具有重要作用，对于尚未确立主体性的孩童来说，环境的作用更为重要。颜之推在《颜氏家训》慕贤篇中有过论述，他认为人年少时，精神未明，接触到人与物，虽非有意学之，但在“潜移默化”之中会自然效仿。因此，启蒙教育要特别重视环境对儿童道德发展的重要意义。

对孩童来说，本性未定，施教者要有意识地为孩童选择良师及选择环境，“成人唯一能有效控制未成熟者接受良好教育的方法就是给予其更好的学习环境”①。《宋史·程颐传》记载，“今夫人民善教其子者，亦必从名德之士，使其与之处，熏陶成性。”孩童天真单纯，本性如素丝，“染于苍则苍，染于黄则黄”(《墨子》)，后天的环境不同会造就孩子品性的优劣。若久居于恶劣不堪的环境，耳濡目染，则犹如坠入染缸，陋习不断，一旦坏习惯养成，再想补救，则是大费周章。正如王夫之所说，“人不幸而失教，陷于恶习，耳所闻者非常人之言，目所见者非常人之事，日渐月渍于里巷村落之中，则有志者欲挽回于成人之后，若非洗髓伐毛，则必不能胜”(《读春秋左氏传博议·俟解》)。爱尔维修也曾说“环境造就了人”。所以，启蒙教育的教化要充分考虑环境对儿童的影响，重视环境陶冶之功。

通常来说，环境陶冶分为自然环境和社会环境陶冶两种形式。自然环境陶冶是指借助山川大河等自然田园美景陶冶受教育者的性情，社会环境陶冶则指借助社会风气陶冶受教育者。一般来说，两种方法密不可分。历史上的“孟母三迁”及孔子论述“里仁为美”正是强调社会风气对个人道德培养的作用。社会风气深入人心，长久不改，“风气实际作用于社会生活，具体来说则是典章制度，长久不变，影响民众，即为风俗”②。社会风气之外，儿童所接触的师长及朋友，也是环境影响的组成部分。“得贤师而从之，则所闻者尧、舜、禹、汤之道也；得良友而友之，则所见者忠信敬让之行也”(《荀子·性恶》)，良师与益友，有助于德性的养成。

① 杜威：《民主主义与教育》，王承绪译，北京：人民教育出版社 1990 年版，第 21 页。
② 贺麟：《文化与人生》，北京：商务印书馆 1988 年版，第 236 页。

（二）道德个体之“化”法

道德教化是一个“外化”和“内化”相结合的过程。外化包括教育者制定各种规章制度、道德规范，而且也包括教育者实施的教育实践。内化则是受教育者从内在出发，通过内省，进行个人修养。道德个体之“化”主要通过“修身养性”实行道德教化。道德教化提倡“德育为先”，先修身后做人，这是儒家素来的传统。在儒家看来，“修身”为“本”，正如孟子所言“人贵有恒言，皆曰‘天下国家’。天下之本为国，国之本为家，家之本在于身”（《孟子·离娄上》）。《大学》中也高度凝练了这一思想，提倡修身为本，而后达到齐家、治国、平天下的政治理想。于童蒙而言，“修身”旨在培育良好的行为习惯和完善的道德品格，在此基础上正心诚意，唤醒道德自觉，达到慎独自律，实现道德教化的目标。

立志为学。儒家素来强调立志之重要，“盖学须先于立志，志道，则心正而无他”（朱熹《论语集注》）。朱熹认为，志于道，就会心无旁骛；而后据于德，则心正不失其道；依于仁，则德性常用不蔽于欲；游于艺，则不遗小物而动息有养。通过须臾不离内外交养之道，于不觉间入圣贤之域。“志立则有本”，立志是为学的根本，本立则道生。“言学便以道为志，言人便以圣为志”（《二程集·粹言》），学之本在立志，通过为学变化气质，“惟学为能变化气质耳”（《晦庵集》卷九）。

为学是获取知识的途径。“为学之道，莫在于穷理，穷理之要，则在读书”（朱熹《性理精义》），一切良好道德品质的培养都离不开扎扎实实的学习。只有认真学习，才能获得仁、知、信、直、勇、刚等优秀道德品质。同时，为学才能促使人们养成良好的思想道德和完善的人格。荀子所著《劝学》一文，其主旨正是强调为学之重要，君子并不是拥有异于他人的能力，只是善于学习而已，通过学习养成道德品质。所以，荀子说“今人之性，固无礼义，故疆学而求有之也。性不知礼义，故思虑而求知也”(《荀子》)，人不知礼义才要勉力而学。

蒙学读物尤其强调“学”之重要。对于童蒙而言，学是养成善良品性与获取功名的途径。启蒙教育把伦理道德的教育与功利化的追求融为一体。《颜氏家训》《养正遗规》及其他蒙学读物都辑录了许多劝学的内容。《三字经》开篇讲人性，“性相近，习相远”，强调后天的学习是获得善良本性的关键。学习也是获得道德品性的途径，“玉不琢，不成器。人不学，不知义”，仁义礼智是通过学习获得，不学则无以成才。值得一提的是，蒙学读物中勉励童蒙读书的方法非常直接，功利追求的色彩比较显著。《三字经》中“上致君，下泽民。扬名声，显父母。光于前，裕于后”的表达，《神童诗》中“万般皆下品，唯有读书高”的诗句，《重订增广贤文》“要好儿孙须积德，欲高门第快读书”的俗语，都是劝学内容的表述。通过为学，启蒙教育把品性修养与功利追求融为一体。

逆境磨炼。道德品质的养成绝非一日之功，离不开为学者的长久坚持，这需要为学者拥有强有力的道德意志。道德意志是人在道德行为发生过程中表现出来的意志，它具有两层含义，其一指的是道德动机战胜不道德动机；其二是指道德个体克服内外障碍坚持执行由道德动机做出的行为决定。① 道德个体常陷入天人交战之境，善念与恶念犹如胸中之二人交战，考验人的意志力。“持其志，使气不能乱”(《河南程氏遗书》)，意志力能有效帮助高尚道德动机打败不良道德动机。“岁寒然后知松柏之后凋也”，君子品性的养成，必是历经磨难的结果。孟子“天将降大任于斯人也，必

① 汪凤炎：《中国传统德育心理学思想及其现代意义》，哈尔滨：黑龙江教育出版社2002年版，第87页。

先苦其心志”的论述也是激励在逆境中的人们奋发向上的至理名言。凡是能成大事业做大学问之人，必定是忍人所不能忍，凭借顽强的意志力冲破逆境。

童蒙为学立下鸿鹄之志，坚强的意志力则是自我激励的支撑。《三字经》中辑录了许多逆境磨砺的榜样，家贫的车胤捕萤读书（如囊萤），孙康利用积雪反光读书（如映雪），亦或路温舒编蒲草（披蒲编），公孙弘刻竹片（削竹简）抄书，还有诸如孙敬头悬梁、苏秦锥刺股的故事，无一不是通过克服现有的局限与不足在逆境中有为的事例。辑录这些人的事例为童蒙树立学习的榜样，激励童蒙在逆境中“有所作为”。君子品格或大丈夫人格，之所以为人所尊崇，也正是他们在困难的环境中也能动心忍性，解决困难，苦中作乐。后世儒家多以寻“孔颜乐处”教导子弟，孔子周游列国，栉风沐雨，有何之乐？颜回箪食瓢饮，居陋巷，亦有何乐？君子志于道，不以鄙衣陋食为苦，安之若素。后儒陈确在《答格致诚正问》中提到：“故学莫先定志，志为圣贤，而后才有圣贤学问可言。格物致知，犹言乎学问云耳。”志向坚定之人，富贵的生活无法改变他们的心志；志在追求道德修养的人，功名利禄亦无法使他们改变。

有过则改。改过迁善是传统社会较为常用的修身养性之法。“迁善、改过，是修德中第一紧要事。盖只修德而不迁善、改过，亦不能得长进”（《朱子语类》卷三十四），迁善改过是进德修业的重要方法。人无完人，即便是圣贤也难免犯过错，所贵者在于大贤能及时改正。君子以见善则迁之，有过则改之。君子犯下过错，勿惮改，会立刻改正，小人犯错后则下意识地掩藏过错，文过饰非。君子所犯之错，“如日月之食焉：过也，人皆见之；更也，人皆仰之”（《论语·子张》）。通过君子与小人对待过错的不同处理方式可以看出若想提升个体修德就要像君子一样勇于改过。

改过迁善的本质在于自我反省，只有道德个体对其内在不断反省，才能真正实现改过迁善。孔子曾提出“吾未见能见其过而内自讼者也”，朱熹也在集注中论述“内自讼者，口不言而心自咎也”，指出改过迁善重在道德自觉。朱熹认为犯了过错的人很少能自我察觉到，知道过错而自行改正的人更是少之又少，如果能自我察觉，又对错误深深悔悟，一定能够改掉过错。蒙童性情未定，无法自我约束，采取内讼反省的方法无法达到预期效果。因此，古人训蒙则更为关注童蒙行为规范的养成，对于如何改过迁善，也是重在行为习惯的培养。“见人善，即思齐”(《弟子规》)教导儿童看到别人的优点要见贤思齐。“见人恶，即内省”告诫儿童看到别人的缺点，要立刻自我反省，有则改之，无则加勉。改过迁善并非不能有过错，而是强调要给予犯错者重新改过的机会。

知行合一。道德品质的养成及价值观的培养，不能止于理论，更要运用到实践中。把道德认识转化为道德行为，这个过程的实现才是真正完成了道德教化的任务。美德关键在于实践，这既是知行合一的要求，也是践履本身是美德的体现。

“知行合一”是中国传统文化的重要理论。先哲将知行是否统一看作是关系到做人的根本态度问题，在知行统一的前提下去践履某种德性，是他们孜孜以求的理想之一。① 在道德修养过程中，学、思、行三者统一，学然后思，思之后行，才可成就德性。“诵《诗》三百，授之以政，不达；使之四方，不能专对；虽多，亦奚何为？”(《论语·子路》)孔子认为知识如果不能学以致用，那么渊博的知识也是毫无用处。孔子还以知行是否统一来评判一个人的品德，“听其言而观其行”，考察一个人的品性既要听他的言论，也要观察他的行为，当所言与所为合一时，方可称之为君子。知是行之始，行是知之成。人的认识按照行、知、意、行的固定顺序。《中庸》提出要

① 汤一介：《中国传统文化中的儒释道》，北京：中国和平出版社 1988 年版，第 9 页。

博学、审问、慎思、明辨、笃行，认为这是学习应该遵循的次序及方法，“行”则是学的检验与践履。荀子认为只有将道德知识化为实际行动，才能加深对道德观念的理解。越是对道德观念理解的透彻，越是能进一步向“圣人”靠拢，所以兼顾思想道德和行为相统一，便可称为“圣人”。

传统启蒙教育注重儿童的道德养成，强调知行合一及美德践履。“学之之博，未若知之之要；知之之要，未若行之之实”（《朱子语类·卷十三》），学习获得知识，不若知识在实践中的践履。立足于儿童的认知水平与践履能力，将儿童的道德认识转化为道德行为，必须进行日常的行为训练，帮助儿童从小养成良好行为习惯。少若成天性，习惯成自然，日积月累之功由“教”而“化”，道德规训转化为童蒙自觉的道德行为。德性的养成是一个又一个简单行为累积，正是有了行孝的具体行为，才成为孝子；正是有了信守诺言的具体事例，才成为诚信之人。行是知的功夫，知转化为行，行成就德性。所以，荀子言“积善成德，而神明自得，圣心备焉”，道德认识与道德行为合一是成为圣人的途径。

结 语

传统启蒙教育的价值观建构以蒙书、家训及女训为载体，以“三纲五常”为核心价值，通过道德教化的途径，实现儒家思想从精英文化到世俗文化的转变。启蒙教育价值观建构的过程也是儒学普及世俗化的过程。而道德养成正是道德教化过程中针对未成年人进行道德教育的有效方法，同时道德养成本身也是一种道德教育观。在道德养成的过程中，对童蒙的道德教化遵循儿童的年龄及心理特点，及早施教，养正于蒙，以“明人伦”为宗旨，把儒家思想的经典义理化为童蒙所能接受的揖让言辞，通过行为规范的训练养成道德品质。在这一过程中，儒家思想所倡导的尊卑秩序的等级价值观、人伦纲常的社会价值观、先义后利的道德价值观贯穿其中，实现从国家社会之“教”到社会成员之“化”的有机衔接。

道德教化一定程度上反映了儒家精英伦理的世俗化，利用由上及下的教化途径，儒家思想实现从意识形态到民众生活价值规范的转化。启蒙教育中的教化主要针对妇孺儿童，他们在儒家教化过程中意义重大。儿童因其记性好，“所历事皆能不忘”，及早施教，能够使其从小就打下圣贤坯璞；闺门则是“王化之原”，女教的成功与否与政治教化的得失休戚相关。“夫妇为人伦之首，闺门乃王化之原。古圣王施政家邦，未有不先及于妇人者。妇人化，而天下无不化矣”[①]。蒙书、家训、女训作为启蒙教育的载体，涵盖了启蒙阶段学校教育、家庭教育和社会教育三种途径。从教育范围而言，女训虽是家庭教育的道德规训，但女训又不等同于家训，女训的教化内容与家训的教化重点不同。因此，蒙书的使用对象相对来说最为广泛，不限阶层，不限年龄，不限性别，田夫牧子、村姑里妇，贩夫走卒、引车卖浆之流均可诵读，乡校俚儒教授髫龄儿童均可。家训就其范围而言，显而易见是在家庭教育中形成的训诫。虽有家训通俗易懂、有助时宜得以流传，但不比蒙书之广泛传播。在内容上又增加了“治生”的要求，以求保家风振家声光耀门楣。女训是对女性教化所用专书，以“三从四德”为核心内容，培养的是封建社会希冀的“贤女”、“贤妇”及“贤母”。

“明人伦”是道德养成与道德教化的主旨。所谓“明人伦”即是辨“父子、远近、亲疏”，也就是对“亲亲、尊尊”的认同。这也正是对人伦纲常秩序价值观的服膺。“尊尊”指向的是政治价值观，核心是尊君，然后是尊长，在传统社会即是“三纲”。“亲亲”是家庭伦理价值观，五伦之中三伦是有关家庭伦理，讲求家人之间的基于血缘的亲情，但基于血缘而形成的宗法制也决定了家庭中“父与夫”的权威。在女训中，这一点体现得尤为明显，父权夫权具体化为“三从”，规范着女性的一生。

“习礼仪”是道德养成和道德教化的方式。童蒙时期的教育，只需要“知其事”，“明其理”是大学阶段的教育。在日常生活的各个方面，启蒙教育均对童蒙提出规范与要求。无论是洒扫应对进退，坐卧行走，穿衣吃饭，读书习字诸如此类，都有具体而又详细的规范。一般而言，道德德目的要求基于“五常”（仁义礼智信），此外

① 张福清编注：《女诫——妇女的枷锁》，北京：中央民族大学出版社 1996 年版，第 151 页。

在家庭伦理当中尤其强调“孝”，只是这个阶段道德德目的要求是以具体规范体现出来。对于女性的教化来说，主要的行为规范要求体现为“四德”。

“教”与“化”是道德养成与道德教化的主要方法。“教”之法是就社会和国家而言，作为教育的主体主要是指教师。教师既可以是官学之师，可以是私学之师，也可以是家学之师，师的身份多样。教育主体采用的主要是榜样垂范、言传身教、歌诗化育、环境熏陶之法。“化”则是教育客体对“教”之内容的内化，是由外在道德规范到内在道德品质的转化过程，是充分发挥教育客体主观能动性的过程。童蒙自我修养之法主要体现为立志为学、改过迁善、逆境磨砺、知行合一等方法。

在《传统蒙学丛书》的序言中，周谷城有言：“有的蒙学书能够长久流行，为社会长期接受，在传授基础知识、进行道德教育、采取易于上口易于记忆的形式等方面，确实有其长处和优势，是不能也不应一笔抹杀的。仅仅在这一点上，自有其文化史和教育史上的价值。”传统启蒙教育思想是传统文化的重要组成部分，因其产生于特定时空、特殊环境，在内容方面，传统启蒙教育优缺参杂，瑕瑜互见，鱼龙混杂。我们要对传统文化进行创造性转化和创新性发展，如何取精华去糟粕，就启蒙教育而言，具体的做法就是将国家政治道德与人伦日用道德区别开来，彻底厘清宗教、政治与道德的关系，在继承的基础上弘扬传统蒙学之精粹。传统启蒙教育提倡及早施教养正于蒙，顺应儿童年龄及心理特点，可以说这对现行教育有所补益。同样，传统启蒙教育主体多元化，教化手段多样化都会对当今儿童教育大有裨益。

传统启蒙教育的道德养成顺应儿童特点。顺应儿童年龄及心理特点，因材施教，量资为序，可以收到事半功倍的效果。传统启蒙教育顺应儿童年龄及心理，主要表现在教材编写和教化方法上。

在教材编写上，采取更新颖有趣的编写方式，内容浅显，便于儿童理解。多辑录成语故事、民间传说等内容。例如《三字经》采用三字为一句的编写形式，几句用一韵，读起来朗朗上口，具有音律感，便于儿童在游戏娱乐中记忆背诵。且采用化繁为简的方法，微言大义，简短的词语蕴含深刻的含义，表达形式简单，语义流畅，使儿童耳濡目染，陶冶其性情。《三字经》因此被广泛传唱，经久不衰。教材编写不仅要注意语言上的通俗易懂，也要在内容上贴近儿童生活，要与儿童日常生活联系密切。如《急就篇》《百家姓》之所以能家喻户晓，原因之一便在于贴近人们生活，适用于日常生活。

在教育方法上，启蒙教育主张内化与外化相结合。启蒙教育特别强调教育者的施教方法，施教重在要顺应儿童的年龄特点。明代著名哲学家王守仁就提出对待儿童教学要“导之以礼”，虽然儿童生性顽皮，但也要循序善诱，采用积极的教学措施，不能过分苛责学生，否则他们会“视学舍如囹狱而不敢入，视师长如寇仇而不欲见”，从而产生厌烦心理。启蒙教育要顺应儿童的发展心理，采取儿童喜闻乐见的教育方法，对儿童而言，在欢呼嬉笑间接受教育，正是顺应其天性的做法。

传统启蒙教育的道德养成强调养正于蒙。启蒙教育有两点内容需要重点关注，一是养正于蒙；二是蒙以养正。前者说的是启蒙教化实施要早，“教子婴孩”，在教育对象还是幼小儿童之时即要对之进行启蒙教化；后者说的是儿童思想行为方正，未被恶习熏染，则教化活动可以达到事半功倍之效。“蒙养极大事，亦最难事。盖终身事业此为根本，而混沌初开，非可以旦夕取效者”（沈鲤《义学约》）。启蒙教育之所以为历朝学者所重视，原因就在于养正教育对儿童而言意义重大。“自十五以前，物欲未染，知识未开，则多记性、少悟性；自十五以后，知识既开，物欲渐染，则多悟性、少记性。”（陆世仪《养正类编》）在儿童未被异端邪说和恶习蛊惑之时，就用礼仪法度对其加以引导，使之如沐春风。“及乎稍长，意虑偏好生于内，众言辨口铄于外，欲其纯全，不可得已”（张伯行《养正类编·小学》），若已然养成恶习，又有外在因素的不断强化，这时想要恢复良善本性，则是难之又难。由此可见，古人对童蒙教育给予足够的重视，“教子婴孩，教妇初来”，实乃古人思想之深刻认知。

儿童“人之幼也，知思未有所主”，受到外在思想影响的可能性极大。如果受到恶习恶性的熏染，“异端邪说”先入为主，即使以“格言至论”进行正面引导，费时费力不说，收效也可能微乎其微。德育为先首要的一点就是要蒙以养正，坚持先入为主的原则。儿童天真无邪，心地纯善，如果在幼时就加以正面教育和引导，则收效就会更明显。在《雅述上篇》中，王廷相有言：“童蒙无先入之杂，以正道之而无不顺，受故易。可以养其正性，此作圣之功。壮大者已成驳僻之习，虽以正导，彼以先入之见为然，将固结而不可解矣，夫安能变之正。故养正于蒙。”在最易接受教育的幼年时期对儿童进行道德教育至关重要，否则儿童一旦沾染恶习，受到恶言的蛊惑，再对其进行改造，极容易陷入“非洗髓伐毛，必不能胜”的境地，极费工夫又收效甚微。

在教育者看来，身处幼年期的儿童心智尚不成熟，具有极强的可塑性。在这一时期，任何一种教育都会对儿童造成影响，正所谓“染于苍则苍，染于黄则黄”。或好或坏的教育都会深深地烙印于儿童的心间，对儿童产生重大影响。行为习惯一旦养成，在长大后发现问题即使想进行扭转，也变得十分困难。幼年时期对于幼儿成长至关重要，正因如此，朱熹曾作《小学》教以“明伦”以期强化儿童对日用伦常的认知，张履祥作《训子语》对童稚时期的子弟进行教育。抓住幼儿成长的这一关键时期施教，会对儿童思想道德品质的培养起到积极的正向引导作用。从这一角度来看，幼年期堪称道德教育的关键时期。

传统启蒙教化格外重视及早施教，认为养正于蒙十分必要，这一观点有科学依据作支撑。当代心理学和教育学都对此进行了研究，结论表明：身处幼年期的个体缺乏必要的知识经验，思想较为单纯，不具备足够的辨别是非的能力，但易于模仿，具有极强的可塑性。在模仿的初始阶段对个体进行道德教育，对其未来的成长和发展大有裨益。因此，要根据幼儿的心理发展程度，利用幼年期强化儿童启蒙教育，促进儿童养成道德品格，为成就理想人格奠定基础。

传统启蒙教育的道德养成主体多元化。启蒙教育的施教者甚多，可以是书塾、义学中的老师，也可以是家庭教育中的父兄等人。教化主体的涵盖范围非常广泛，无论是已经功成名就的士绅，还是正在考取功名的学子，各个阶层的儒者士人均可成为教化主体；就教化主体的身份而言，可以来自官方，如社学安排的塾师，也可以是民间延请的塾师。也就是说，传统启蒙教育有着多元化的教化主体，同时也有着多渠道的教化途径，学校、家庭和社会等都在“化民成俗”中发挥着重要作用。无论是蒙书、女训、家训还是约定俗成的乡规民约，都是进行道德教化的有效载体与途径。

启蒙教化主体多元化有利于教育效果的连贯性和一致性，这是保证教育实效的先决条件。在传统社会，家庭启蒙和学校、社会教育共同构成了启蒙教育体系。从教育效果的角度看，启蒙教育具有系统性和一致性。就内容而言，家训基本都是围绕四书五经展开，这也为学校教育打下了良好的基础，而学校教育也在此基础上得以拓展和延伸；家庭教育重视蒙童行为规范的日常训练，做到“知其然”，而学校教育则讲明道理，做到“知其所以然”。如此一来，两种教育类型在教育目标上做到一以贯之，保证了连贯性。在传统社会中，“家庭之教，又必原于朝廷之教”，官府如此重视教化的原因就在于要维护统治秩序，在社会上营造良好的舆论氛围，对家庭教育形成有效约束和引导。社会若要形成“孝”的风气，教导民众重视孝道，“非家至而日见之也”，不必天天登门讲授，“教以孝，所以敬天下之为父者也”(《孝经·广至德章》)，只需要在社会上倡导行“孝”之风，践行行“孝”之行，即可达到效果。国家的教化正是通过倡导社会风气的形成，上行下效，最终实现教化之功。在家事父以孝，出外则事君以忠，社会风气自然形成。

在今天，学校教育已经普及并形成体制化，在很多家长眼里，教育就是老师和学校应该独立完成的工作，而家长的责任就是为孩子提供衣食等后勤保障。家长们看重孩子在学校的各种表现，但是在家中又较为溺爱，不做要求。这样的做法和古代家庭教育相较，就只剩下“育”，而少了“教”，传统社会家规中的约束更是无从谈起。父母未能承担起其应有的教育职责，会直接影响学校教育的效果。更有甚者父母养而未教，造成家庭教育的缺失。在对儿童进行启蒙教育时，要尽可能地保证家庭和学校教育的连贯性，唯有如此启蒙教育才能取得实效。

传统启蒙教育的道德养成手段多样化。启蒙教育的手段与方法会对教育的最终效果产生影响。方法是实现目标的中介，借助于行之有效的方法，教化目标才能切实实现。从属性上看，教化内容的政治功能较为明显，而教化手段和方法则较为中性，这意味着可用多种教育方法教授相同的教化内容，同时不同的教化方法之间亦可相互参照。选择任何一种方法都自有其成因。通常情况下，选择某种方法其影响因素有两个：一是施教者与受教者的因素。施教者要对自身的优势和劣势进行通盘考虑，最终选择自己可胜任且能发挥特长的教育方法。同时施教者也要对受教者的心理水平、知识储备以及性格喜好等予以充分了解，在了解的基础上才能有针对性地施教，选择合适的教育方法。二是对教育过程的深入理解。这涉及到的就是教师对教育本身的不同理解，教师如果认为在道德生活中让学生学习比较重要，那么在实际教学过程中教师则会偏重讨论法。当教师认为道德教育和传统填鸭式教育无差别时，相应地就会采取讲授法开展教学工作。

选择任何一种德育方法都会对德育目标的实现以及最终效果产生较大影响。因此学术界的很多专家学者都极为重视这个问题。朱熹就曾将“教有成法”视作“小学”教育的基础方法，在《孟子集注》中朱熹曾言：“事必有法，然后可成。师舍此则无以教，弟子舍此则无以学。”启蒙教育行之有效的教化方法如因材施教、知行合一等，时至今日依然具有现实意义。朱熹说过“书用你自己去读，道理用你自己去究索，某只是做得引路人，做得个证明人。有疑难处，同商量而已”，“师友之功，但能示之于始而正之于终耳，既有以喻之于始，又自勉之于中，又其后得人商量是正之，则所益厚矣”[①]。朱熹在《小学》中肯定了主观努力在道德学问中的重要性，认为“圣贤千言万语，只是欲人将已放之心约之。使反复入身来，自能寻上去，下学而上达”，“师友之功，但能示之于始而正之于终耳。若中间三十分功夫，自用吃力去做”，这就将教师和学生在道德教育中的作用进一步明确。就教师而言，在对学生进行启发时要注意分寸的把握，“不愤不启，不悱不发”（《论语·述而》）。朱熹解释说：“愤者，心求通而未得之意；悱者，口欲言而未能之貌”。[②]在学生“愤”“悱”之时教师加以诱导，学生必然印象深刻。强化对学生的引导关键在于激发学生的学习积极性和主动性，让学生主动学习。从童蒙的视角来看，教师的主要职责就是开悟，唯有如此才能真正达到教学目的。对此梁启超先生在其著作《变法通议·论幼学》中提到：

---

① 黎靖德：《朱子语类》（卷一），北京：中华书局 1994 年版，第 223、146 页。
② 朱熹：《四书章句集注》，北京：中华书局 1983 年版，第 95 页。

“教童子者，导之以悟性甚易，强之以记性甚难。何以故？悟性主往（以锐入为主），其事顺，其道通，通故灵。记性主回（如返照然），其事逆，其道塞，塞故钝。是故生而二性备者上也，若不得兼，则与其强记，不如其善悟。何以故？人之所以异于物者，为其有大脑也，故能悟为人道之极。凡有记也，亦求悟也，为其无所记，则无以为悟也。悟赢而记拙者，其所记恒足以佐其所悟之用（吾之所谓善悟者指此，非尽弃记性也，然其所记者实多从求悟得来耳，不可误会）。记赢而悟拙者，蓄积虽多，皆为弃才。惟其顺也，通也，灵也，故专以悟性导人者，其记性亦必随之而增。惟其逆也，塞也，钝也，故专以记性强人者，其悟性亦必随之而减。”①

灌输式教育作为一种教育方法，虽然很长一段时间内我们曾广泛使用，但对其本身的道德性及合理性一直存有质疑。持肯定观点的学者认为，儿童的心智尚不成熟，进行适当的灌输并非坏事，亦可视为传授知识传递信息的有效途径。但是过度重视灌输则会适得其反：“教育运用强制手段推行某种道德不仅是徒劳的，也是不道德的，用不道德的手段去实现高尚的道德，只能引起更大的不道德。”②学者詹姆斯·麦克劳伦在研究中指出，“或者无效或者不道德”的现代道德教育并不完全正确；而科尔伯格则认为，灌输式教育无法同道德教育划等号，同时它也不属于道德的教育范畴。从一般意义上讲灌输是一种与启发、引导不同的教育方式，其核心思想就是强制学生服从老师，这对学生的主体地位是极大地颠覆。道德教育的理念则认为德育方法不应该是灌输，而是对学生进行引导和启发。

传统启蒙教育方法的多样化，其本质是对受教者的年龄心理

① 梁启超：《饮冰室合集》第一册，北京：中华书局1989年版，第46—47页。
② 金生鈜：《质疑建国以来的道德教育规训》，《教育理论与实践》2001年第8期。

及接受力的深入了解，具有很强的针对性。针对性体现为对学生个性深入的了解，其本质就是因材施教。这种教育理念始于孔子，朱熹对此进行了总结和概括，他认为“圣贤施教，各因其材，小以成小，大以成大，无弃人也”，“此各因其所长而教之者也”，“弟子因孔子之言，记此十人，而并目其所长，分四科。孔子教人各因其材，于此可见。”[①]因材施教包含两层含义：一是了解教育对象的实际情况，进而选用适当的方法进行教育，如张载在《正蒙·中正》中提到：“教人者必知至学之难易，知人之美恶。当知谁可先传此，谁将后倦此。若洒扫应对，及幼而孙弟之事，长后教之，人必倦弊。”在开展教育时，要注重对儿童资质的探究，之后再施教，唯有如此才能达到预期效果。王阳明也持有类似观点，他认为每个人有着不同的资质，不能一概而论，要因人而异。在对儿童进行教育时不能用条条框框将儿童束缚住，要发现他们的天性，并鼓励他们发展自己的天性。王夫之认为要掌握教育对象的具体特点，据此选用适当的教育方法，“教思之无穷也，必知其人德性之长而利导之，尤必知其人气质之偏而变化之”(《四书训义》卷一五)，这才是真正意义上的因材施教。二是因材施教是根据受教育者的年龄段和所处的学习阶段采用相应的教育方法。从教学内容上看，年龄较小之时，比较适宜的方法就是强化礼仪和行为规范的养成；在具体操作中，对于儿童和少年，施教者多加启发和引导，“施之有序，行之自远”(《张子正蒙注·卷四》)。按照年龄阶段和接受力的不同，区分对待，这也正是教育的本质体现。如同王守仁所言，道德教育要注意顺序和进度，不能急于求成，要从基础出发对儿童进行引导，循序渐进，逐渐加深他们的印象，沿着他“精气日足，筋力日强，聪明日

① 朱熹：《四书章句集注》，北京：中华书局 1983 年版，第 123 页。

开”的顺序发展，“从本原上用力，渐渐盈科而进”[①]。“学不躐等”“盈科而进”等教育理念都是蒙学中不可多得的经验，也是在长期教育活动中逐渐摸索出来的真知灼见。只有从儿童的实际情况出发，因材施教开展道德教育，才能取得良好的效果。

传统启蒙教育在实施道德教化时既重视了教育者的作用，也未忽视受教育者的实际感受，还把外界环境的作用也考虑进去。因此最终呈现出来的传统启蒙教育道德养成内容丰富又形式灵活。教化手段及方法最终能否取得实效，与其预期的设想有着莫大的关系。传统启蒙教育和“大学”教育之间有千丝万缕的联系，二者共同承担起社会教化的职责。所谓移风俗、美教化、正人伦，要想取得如此的社会效果就必然会与道德教化方法产生关联。由古及今，我们需要继续发扬传统启蒙教育的优秀思想，取其精华为今所用。

道德养成为价值观建构提供途径与方法，价值观则是道德养成的价值指引与理论指导。道德养成是在价值观的价值指引下进行，对童蒙道德品质的养成以传统社会的价值观为核心，培养差等秩序下的道德人格。天道观解决了价值观建构形上学的理论基础，人性论解决了价值观建构的内在依据。天道观为尊卑等级秩序的合理性提供了外在理论保障，从“天道”到“人道”，以“天”之神圣与高远论证“三纲五常”代表的核心价值观的神圣性，宋明理学更以思辨形式赋予尊卑等级秩序的逻辑自洽。人性论则是解决社会个体的道德与价值观从何来以及何以可能的问题。人性善的价值预设指向道德养成与价值观建构的可能性，无论是孟子的四端说还是人有天地之性与气禀之性，都是在说明道德教化的必要性。在此基础上，价值观建构还需要面对价值观一元与多元的问题，即

① 孙培青主编：《中国教育史》，上海：华东师范大学出版社 2000 年版，第 246 页。

如何处理核心价值观与其他价值观的关系问题；价值观建构过程的阶段性与连续性的问题，即启蒙阶段的养成教育与大学阶段的意识形态教育的有机衔接问题。价值观的建构也是核心价值观念的建构，义利问题无疑是价值观的核心之一，因此价值观建构要处理义利观这一核心问题，以及价值观建构的方法及途径问题。

传统社会建立起来的以儒家思想为核心的价值体系，通过蒙书、家训、女训实施教化的过程，本身也是儒家思想从作为学术流派到成为国家意识形态再到成为民众价值指导规范的过程，这个过程伴随的也是儒学世俗化的过程。在这个过程中，以蒙书、家训、女训为载体的启蒙教育无疑不可或缺。一个国家或社会的核心价值观在童蒙礼仪行为等规范中得以践行，以潜移默化润物无声的形式形成为童蒙的道德品质，确有我们可以学习和借鉴的地方。

参考文献

著作：

［1］《论语·大学·中庸》［M］，北京：中华书局 2015 年版。
［2］朱熹：《朱子语类》［M］，北京：中华书局 1986 年版。
［3］朱熹：《四书章句集注》［M］，北京：中华书局 2011 年版。
［4］王先谦：《荀子集解》［M］，北京：商务印书馆 1988 年版。
［5］陈宏谋：《五种遗规》［M］，北京：中国华侨出版社 2012 年第 1 版。
［6］韩锡铎主编：《中华蒙学集成》［M］，沈阳：辽宁教育出版社 1993 年版。
［7］毛礼锐：《中国古代教育史》［M］，北京：人民教育出版社 1979 年版。
［8］蔡元培：《中国伦理学史》［M］，上海：东方出版社 1996 年版。
［9］王炳照：《蒙学十篇》［M］，北京：北京师范大学出版社 1990 年版。
［10］周谷城：《传统蒙学丛书》［M］，长沙：岳麓书社 1985 年版。
［11］徐梓：《蒙学读物的历史透视》［M］，武汉：湖北教育出版社 1996 年版。
［12］徐少锦，陈延斌：《中国家训史》［M］，太原：山西人民出版社 2003 年版。
［13］鄢建江：《朱熹〈小学〉道德教育理论研究》［M］，北京：华龄出版社 2006 年版。
［14］徐复观：《中国人性论史（先秦篇）》［M］，上海：华东师范大学出版社 2002 年版。
［15］张岱年：《中国哲学大纲》［M］，南京：江苏教育出版社 2005 年版。
［16］张岱年：《中国伦理思想研究》［M］，南京：江苏教育出版社 2005 年版。
［17］陈来：《中国近世思想史研究》［M］，北京：商务印书馆 2003 年版。
［18］贺麟：《文化与人生》［M］，北京：商务印书馆 1988 年版。
［19］冯友兰：《中国哲学简史》［M］，北京：北京大学出版社 2012 年第 1 版。
［20］费孝通：《乡土中国》［M］，北京：人民出版社 2008 年版。
［21］余英时：《钱穆与中国文化》［M］，上海：上海远东出版社 1994 年版。
［22］梁启超：《中国近三百年学术史》［M］，北京：中国社会科学出版社 2008

年版。
[23] 毛礼锐:《中国古代教育史》[M],北京:人民教育出版社 1979 年版。
[24] 唐君毅:《中国哲学原论·原性篇》[M],北京:中国社会科学出版社 2005 年版。
[25] 毛礼锐,瞿菊农,邵鹤亭编:《中国古代教育史》[M],北京:人民教育出版社 1979 年版。
[26] 吴洪成:《中国小学教育史》[M],太原:山西教育出版社 2006 年版。
[27] 罗国杰主编:《中国伦理思想史》(上卷)[M],北京:中国人民大学出版社 2008 年版。
[28] 罗国杰主编:《中国传统道德》(多卷本)[M],北京:中国人民大学出版社 1995 年版。
[29] 孙培青主编:《中国教育史》[M],上海:华东师范大学出版社 2000 年版。
[30] 冯友兰:《中国哲学史新编》[M],北京:人民出版社 1999 年版。
[31] 鲁洁:《道德教育的当代论域》[M],北京:人民出版社 2005 年版。
[32] 黄钊:《儒家德育学说论纲》[M],武汉:武汉大学出版社 2006 年版。
[33] 梁漱溟:《东西方文化及其哲学》[M],北京:商务印书馆 1999 年版。
[34] 赵汀阳:《论可能生活》[M],北京:中国人民大学出版社 2004 年版。
[35] 高兆明:《伦理学理论与方法》[M],北京:人民出版社 2005 年版。
[36] 韦政通:《伦理思想的突破》[M],北京:中国人民大学出版社 2005 年版。
[37] 肖群忠:《中国传统智慧十五讲》[M],北京:北京大学出版社 2008 年版。
[38] 周宏主编:《大师谈启蒙教育》[M],重庆:西南师范大学出版社 2009 年版。
[39] 钟仕伦:《中国美育思想简史》[M],北京:中国社会科学出版社 2008 年版。
[40] 朱贻庭:《中国传统伦理思想史》[M],上海:华东师范大学出版社 2003 年版。
[41] 唐淑,钟昭华:《中国学前教育史》[M],北京:人民教育出版社 1993 年版。
[42] 陈弱水:《公共意识与中国文化》[M],北京:新星出版社 2006 年版。
[43] 唐凯麟主编:《成人与成圣》[M],长沙:湖南大学出版社 1999 年版。
[44] 朱义禄:《儒家理想人格与中国文化》[M],沈阳:辽宁教育出版社 1991 年版。
[45] 余英时:《中国思想传统的现代诠释》[M],南京:江苏人民出版社 2003 年版。
[46] 张志公:《传统语文教育初探》[M],上海:上海教育出版社 1962 年版。

[47] 苗春德、赵国权：《南宋教育史》[M]，上海：上海古籍出版社 2008 年版。
[48] 杨国荣：《善的历程》[M]，北京：北京师范大学出版社 2018 年版。
[49] 金生鈜：《德性与教化——从苏格拉底到尼采：西方道德教育哲学思想研究》[M]，长沙：湖南大学出版社 2003 年版。
[50] 亚里士多德：《尼各马可伦理学》[M]，苗力田译，北京：中国社会科学出版社 1990 年版。
[51] 劳伦斯·科尔伯格：《道德教育的哲学》[M]，杭州：浙江教育出版社 2000 年版。
[52] 马克斯·韦伯：《新教伦理与资本主义精神》[M]，北京：生活·读书·新知三联书店 1987 年版。
[53] 马克思：《1844 年经济学哲学手稿》[M]，《马克思恩格斯全集》（第 42 卷），北京：人民出版社 1979 年版。
[54] 马克思：《关于费尔巴哈的提纲》[M]，《马克思恩格斯选集》（第 1 卷），北京：人民出版社 1995 年版。
[55] 李德顺：《价值论》[M]，北京：中国人民大学出版社 2013 年版。
[56] 罗国杰主编：《马克思主义价值观研究》[M]，北京：人民出版社 2013 年版。
[57] 陈来：《中华文明的核心价值》[M]，北京：生活·读书·新知三联书店 2015 年版。
[58] 韩震主编：《中国的价值观》[M]，北京：中国社会科学出版社 2016 年版。
[59] 李祥俊：《秦汉价值观变迁史论稿》[M]，北京：中国社会科学出版社 2017 年版。
[60] 唐凯麟主编：《中华民族道德生活史》[M]，上海：东方出版中心 2014 年第 1 版。
[61] 江畅：《论价值观与价值文化》[M]，北京：科学出版社 2014 年版。
[62] 李从军：《价值体系的历史选择》[M]，北京：人民出版社 2008 年版。
[63] 张学森：《核心价值观的历史演进与当代构建》[M]，北京：人民出版社 2014 年版。
[64] 赵馥洁：《价值的历程：中国传统价值观的历史演变》[M]，北京：中国社会科学出版社 2006 年版。
[65] 陈延斌：《播种品德收获命运——未成年公民道德养成的理论与实践》[M]，北京：中国社会科学出版社 2011 年版。

期刊论文：

[1] 李贵洁：《略论我国古代蒙学的伦理教育特点》[J]，《教育研究》1998 年第 5 期。
[2] 王习胜：《蒙学典籍的道德背反性省察》[J]，《道德与文明》2010 年第

10 期。
［3］刘和忠，肖征：《学前儿童的主体性与道德启蒙教育》[J]，《社会科学战线》2012 年第 3 期。
［4］刘先春，柳宝军：《家训家风：培育和涵养社会主义核心价值观的道德根基与有效载体》[J]，《思想教育研究》2016 第 1 期。
［5］陈延斌：《简论朱熹的儿童道德养成教育思想》[J]，《武陵学刊》2010 年第 9 期。
［6］葛晨虹：《青少年道德养成教育研究的力作——评陈延斌新著〈播种品德收获命运：未成年公民道德养成的理论与实践〉》，《道德与文明》2012 年第 3 期。
［7］陈建锋：《苏轼童蒙教育思想及其对幼儿道德养成的价值》[J]，《教育探索》2011 年第 3 期。
［8］陈延斌：《中国传统家训教化与公民道德素质养成》[J]，《高校理论战线》2002 年第 7 期。
［9］吴树勤，杨学坤：《孔子论道德养成的生活根基》[J]，《山西财经大学学报》2012 年第 4 期。
［10］张俊相：《〈周易・蒙卦〉的童蒙道德养成教育观》[J]，《伦理学研究》2008 年第 1 期。
［11］薛晓阳：《从政治价值到伦理品格：核心价值观教育的道德建构及学校融入》[J]，《安徽师范大学学报》(人文社会科学版)2018 年第 4 期。
［12］肖群忠，杨建强：《"礼"之古蕴与核心价值观的当代建构》[J]，《当代中国价值观研究》2016 年第 8 期。
［13］杨汉民：《两汉构建核心价值观的历史经验及现代启示》[J]，《理论月刊》2015 年第 4 期。
［14］李煌明：《论儒家核心价值观体系的结构》[J]，《云南师范大学学报》(哲学社会科学版)2009 年第 2 期。
［15］孙义，杨进：《试论中国传统文化核心价值观及其当代回归》[J]，《合肥工业大学学报》(社会科学版)2009 年第 3 期。
［16］金民卿：《传统文化中的道德养成路径及其当代价值》[J]，《中国文化研究》2014 年第 4 期。
［17］陈来：《中华传统文化与核心价值观》[J]，《光明日报》2014 年 8 月 11 日。
［18］张汝伦：《作为政治的教化》[J]，《哲学研究》2012 年第 2 期。
［19］周兴茂：《中国人核心价值观的传统变迁与当代重建》[J]，《东南大学学报(哲学社会科学版)》2010 年第 5 期。
［20］郭沂：《儒学核心价值观历史演变和现代价值》[J]，《浙江学刊》2010 年第 6 期。
［21］倪愫襄：《传统主流伦理文化中的女性观概览》[J]，《武汉科技大学学报(社会科学版)》2014 年第 3 期。

[22] 胡海桃,曾凯:《回溯中国传统文化中的三种女性理想人格范型》[J],《成都理工大学学报(社会科学版)》2016 年第 3 期。
[23] 鲁力:《新时期弘扬中国传统文化的原则与途径研究》[J],《船山学刊》2016 年第 4 期。

博士论文:

[1] 朱明勋:《中国传统家训研究》[D],四川大学 2004 年。
[2] 王有英:《清前期社会教化研究》[D],华东师范大学 2005 年。
[3] 刘静:《走向民间生活的明代儒学教化研究》[D],华东师范大学 2004 年。
[4] 王瑜:《明清士绅家训研究(1368—1840)》[D],华中师范大学 2007 年。
[5] 蒋纯焦:《一个阶层的消失——晚清以降塾师研究》[D],华东师范大学 2006 年。

图书在版编目(CIP)数据

传统启蒙教育中的道德养成与价值观建构研究/班高杰著. —上海:上海三联书店,2020. 7
ISBN 978 - 7 - 5426 - 7093 - 9

Ⅰ. ①传…　Ⅱ. ①班…　Ⅲ. ①中华文化—研究②品德教育—研究—中国③价值论(哲学)—研究—中国　Ⅳ. ①K203②D648③B018

中国版本图书馆 CIP 数据核字(2020)第 114019 号

传统启蒙教育中的道德养成与价值观建构研究

著　　者 / 班高杰

责任编辑 / 郑秀艳
装帧设计 / 一本好书
监　　制 / 姚　军
责任校对 / 张大伟　王凌霄

出版发行 / 上海三联书店
(200030)中国上海市漕溪北路 331 号 A 座 6 楼
邮购电话 / 021 - 22895540
印　　刷 / 上海惠敦印务科技有限公司

版　　次 / 2020 年 7 月第 1 版
印　　次 / 2020 年 7 月第 1 次印刷
开　　本 / 890 × 1240　1/32
字　　数 / 150 千字
印　　张 / 7. 125
书　　号 / ISBN 978 - 7 - 5426 - 7093 - 9/B · 688
定　　价 / 60. 00 元

敬启读者,如发现本书有印装质量问题,请与印刷厂联系 021 - 63779028